ALL ABOUT HISTORY 萤火虫 026

禁酒令

[英]丹·皮尔 编著
刘英侠 纪哲安 译

PROHIBITION
Discover the truth behind the 13 years that changed America forever

中国画报出版社·北京

图书在版编目（CIP）数据

禁酒令 /（英）丹·皮尔编著；刘英侠，纪哲安译
. — 北京：中国画报出版社，2021.8（2023.4重印）
（萤火虫书系）
书名原文：ALL ABOUT HISTORY: Book of the Prohibition
ISBN 978-7-5146-2021-4

Ⅰ. ①禁… Ⅱ. ①丹… ②刘… ③纪… Ⅲ. ①酒－社会问题－美国－20世纪 Ⅳ. ①D771.288

中国版本图书馆CIP数据核字(2021)第117312号

Articles in this issue are translated or reproduced from All About History: Book of the Prohibition, Second Edition and are the copyright of or licensed to Future Publishing Limited, a Future plc group company, UK 2019. Used under licence. All rights reserved. All About History is the trademark of or licensed to Future Publishing Limited. Used under licence.

著作权合同登记号：图字01-2021-3486

禁酒令

[英] 丹·皮尔 编著   刘英侠 纪哲安 译

出 版 人：于九涛
责任编辑：郭翠青
审　　校：崔学森
责任印制：焦　洋
营销编辑：孙小雨

出版发行：中国画报出版社
地　　址：中国北京市海淀区车公庄西路33号 邮编：100048
发 行 部：010-88417360   010-68414683（传真）
总编室兼传真：010-88417359   版权部：010-88417359

开　　本：16开（787mm × 1092mm）
印　　张：13.25
字　　数：280千字
版　　次：2021年8月第1版 2023年4月第3次印刷
印　　刷：北京汇瑞嘉合文化发展有限公司
书　　号：ISBN 978-7-5146-2021-4
定　　价：68.00元

禁酒令

揭秘禁酒令永远改变美国的真相

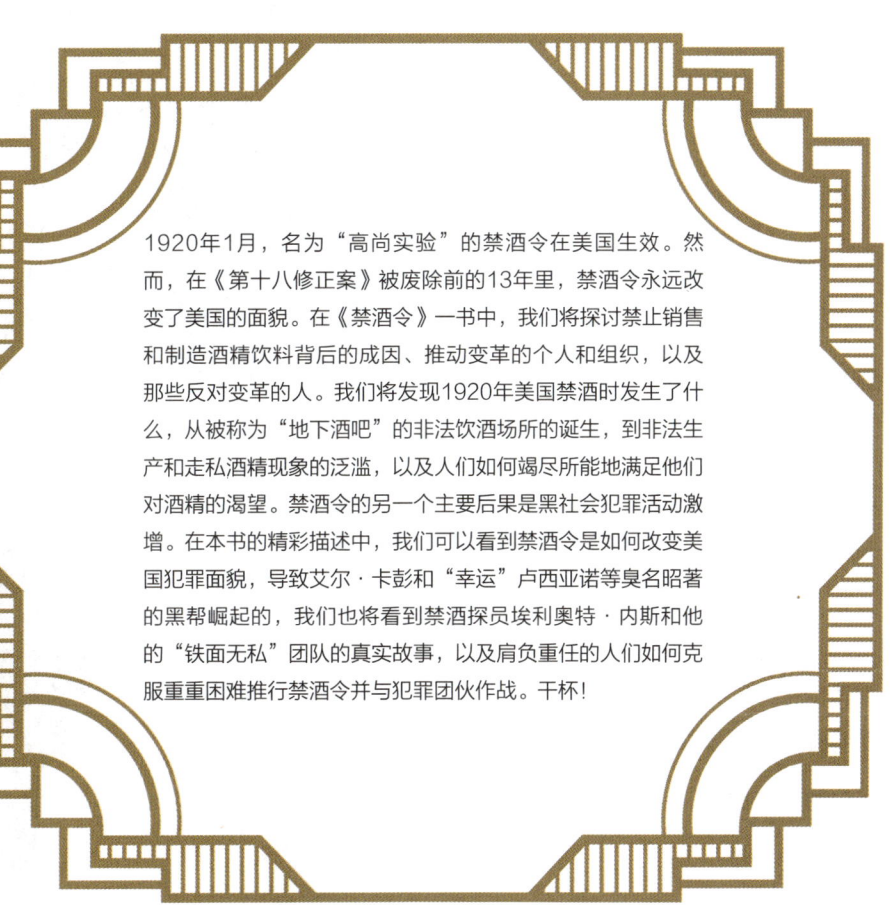

1920年1月,名为"高尚实验"的禁酒令在美国生效。然而,在《第十八修正案》被废除前的13年里,禁酒令永远改变了美国的面貌。在《禁酒令》一书中,我们将探讨禁止销售和制造酒精饮料背后的成因、推动变革的个人和组织,以及那些反对变革的人。我们将发现1920年美国禁酒时发生了什么,从被称为"地下酒吧"的非法饮酒场所的诞生,到非法生产和走私酒精现象的泛滥,以及人们如何竭尽所能地满足他们对酒精的渴望。禁酒令的另一个主要后果是黑社会犯罪活动激增。在本书的精彩描述中,我们可以看到禁酒令是如何改变美国犯罪面貌,导致艾尔·卡彭和"幸运"卢西亚诺等臭名昭著的黑帮崛起的,我们也将看到禁酒探员埃利奥特·内斯和他的"铁面无私"团队的真实故事,以及肩负重任的人们如何克服重重困难推行禁酒令并与犯罪团伙作战。干杯!

目　录

禁酒令
6　　禁酒和酗酒的时间轴

禁酒之路
13　　殖民时代的饮酒
19　　禁酒小试
33　　反对禁酒令的人
45　　新兵与酒
51　　通往禁酒的崎岖之路

美国颁布禁酒令
63　　滴滴香醇，意犹未尽
73　　稀少的生产线
83　　地下酒吧现象
94　　禁酒令、走私与朗姆酒私酿者
105　　聚会继续进行
110　　真正的大西洋帝国

158

120

47

142

犯罪与禁酒令

121 禁酒令与美国犯罪的变脸

131 禁酒与暴徒

143 头号公敌艾尔·卡彭

152 从谋杀到屠杀

159 埃利奥特·内斯的沉浮人生

184

最后的命令

172 为了喝酒的斗争

183 把酒桶滚出来

188 为禁酒令举杯

194 如果……禁酒令继续，会怎样？

201 高尚实验

207 禁酒令挥之不去的阴影

72

111

禁酒令

禁酒和酗酒的时间轴

禁酒令是一个世纪以来关于推广和消费酒精饮料争论的结果

第一次世界大战结束，停战协议签订后，国会通过了战时禁酒令法案。
1918年11月18日 华盛顿特区

《沃尔斯特德法案》生效，违法行为数量随之激增。
1920年1月—6月 全国

《沃尔斯特德法案》在国会通过
1919年10月28日 华盛顿特区

美国宪法《第十八修正案》确立了禁酒令。几个月后，由明尼苏达州共和党众议员安德鲁·约翰·沃尔斯特德促成的《沃尔斯特德法案》进一步明确了禁酒令的内容：明确酒精饮品的定义并禁止饮用，管制此类饮料的制造、销售和运输，并规定此类液体可继续用于科学研究、宗教仪式、燃料制造和其他相关商业用途。法案规定："除本法案允许，任何人不得制造、出售、交换、运输、进口、出口或提供任何酒精饮品。"10月27日，伍德罗·威尔逊总统因技术层面的异议否决了《沃尔斯特德法案》；然而，参议院推翻了总统的否决。根据《沃尔斯特德法案》，致醉液体产品的定义为任何含有至少0.5%酒精的饮料。

▲ 明尼苏达州众议员安德鲁·沃尔斯特德的官方画像，他是禁酒令立法的里程碑式人物

《第十八修正案》生效
1920年1月16日 华盛顿特区

国会通过一年后，美国宪法《第十八修正案》生效。修正案第一条规定："本法案通过一年后，国内禁止生产、销售或运输致醉液体产品，同时禁止进出口这类液体，美国全境禁止饮用酒精。"虽然修正案对酒精使用的许多方面做出了严格的规定，但并没有明确禁止消费酒精。修正案的措辞赋予了国会和各州在未来的立法中执行修正案的具体权力。如今，《第十八修正案》仍然是美国历史上唯一被废除的宪法修正案。

▲ 1927年，走私犯乔治·雷姆斯在监狱牢房的铁栏里往外看

托莫卡号帆船被扣押
1923年11月23日 大西洋

美国海岸警卫队的接应船"塞内卡号"在公海扣押了"托莫卡号"帆船。这艘装载着非法威士忌的船只为威廉·"比尔"·麦考伊所有，他是一名往来于巴哈马和美国东海岸之间的知名朗姆酒商。这名非常成功的走私犯是秘密活动的先驱，众所周知，他曾将1500箱朗姆酒从巴哈马首都拿骚运往佐治亚州萨凡纳港。麦考伊声称自己干的事像革命战争英雄约翰·汉考克所做的一样，他在出庭受审前告诉记者，"我在3海里规则范围之外出售威士忌，我将优质的威士忌出售给任何想要的人。"他被判走私罪，在新泽西州监狱服刑9个月。后来，他用禁酒期间赚来的钱投资了佛罗里达州的房地产。

乔治·雷姆斯遇突袭
1920年5月 伊利诺伊州 芝加哥

得知有人用假许可证转移了12桶威士忌后，联邦探员突袭了被称为"私贩之王"的乔治·雷姆斯的法律办公室兼业务中心。雷姆斯是一个著名的律师、药剂师兼走私犯，他在《沃尔斯特德法案》的文本中寻找漏洞，以便在地下酒类交易中加以利用。检方指出，威士忌的送货地址是一块空地，角落处有一个小车库，作为配送中心。有人认为，雷姆斯就是弗朗西斯·斯科特·菲茨杰拉德经典小说《了不起的盖茨比》中主人公的灵感来源，作者将小说中的业务转移到了俄亥俄州辛辛那提，这是一个从事非法酒类交易更安全的地点。1925年，他被判违反《沃尔斯特德法案》，判处两年监禁。

▼ 政府探员站在一箱箱被没收的威士忌中，谈论着海岸警卫队的"塞内卡号"

走私犯罗伊·奥尔姆斯特德，太平洋西北部走私犯之王，被判有罪。
1926年2月20日 华盛顿

埃利奥特·内斯加入财政部，成为卡彭的死敌。
1927年伊利诺伊州，芝加哥

▲ 美国禁酒运动如火如荼时，官员把酒倒进街边的下水道

▲ 一群人看着比利·麦克斯威金的尸体被抬到最后的安息地

比利·麦克斯威金谋杀案
1926年4月27日 伊利诺伊州 芝加哥

助理州检察官比利·麦克斯威金在与一些臭名昭著的芝加哥恶棍"小酌几杯"后，在哈里·麦迪根的小马旅馆门前被枪杀，年仅26岁。年轻的麦克斯威金已经获得了"刽子手检察官"的绰号。疑问立刻浮出水面，黑手党头目卡彭被认作嫌疑犯并关押了三天。然而，证据不足又迫使当局释放这名匪首。虽然麦克斯威金和卡彭曾势不两立，但最近二人变得很友好。卡彭告诉警方，"我没有杀麦克斯威金。我喜欢这孩子。"大陪审团得出结论，麦克斯威金是一个旁观者，被卷入了一场正在酝酿的火并，涉及卡彭的手下和另一个团伙。谋杀案的调查引发了对芝加哥西塞罗郊区酒吧的一系列突袭检查。其间发现了一个账本，导致卡彭被判逃税罪。

情人节大屠杀
1929 年 2 月 14 日 华盛顿特区

爱尔兰暴徒乔治·"疯子"·莫兰团伙的 7 名成员在芝加哥北边的一个车库被枪杀。没有人因这桩谋杀案而受到审判，但其死对头暴徒头目卡彭手下帮派涉嫌实施谋杀。艾尔·卡彭由此可独占该市走私、赌博和卖淫等暴利行业。20 世纪 20 年代，在禁酒令的背景下，席卷芝加哥的帮派火并在"情人节大屠杀"达到顶峰。有可能是卡彭的人扮成警察，进入车库，威胁莫兰的人面对墙壁，他们用自动武器开火，至少打了 70 发子弹。在大屠杀发生时，莫兰本人正在前往车库的路上，离死神仅有一步之遥。

▲ 情人节大屠杀，受害者的尸体倒在血泊中

艾尔·卡彭被定罪
1931 年 10 月 17 日 伊利诺伊州 芝加哥

芝加哥地下组织头目卡彭在联邦法院被判逃税，判处 11 年监禁、罚款 5 万美元、约 7692 美元的法庭费用，还要补缴 21.5 万美元的税款及利息。卡彭凭黑社会犯罪发了大财，而禁酒令也为他的财富贡献了一份力量——他一年的收入估计为 6000 万美元——因为大量非法酒类交易已经成为他的主要收入来源。卡彭早些时候承认逃税和违反禁酒令，并对媒体说，他已经和当局达成协议，将服刑两年半。卡彭最终被定罪，在亚特兰大和旧金山湾的阿尔卡特拉兹岛的联邦监狱服刑。

臭名昭著的紫色帮成员被杀
1931 年 9 月 16 日 密歇根州 底特律

股市崩盘
1929 年 10 月 29 日 纽约

股市崩盘导致全球经济大萧条，联邦政府和州政府寻求收入来源，以代替因高失业率、企业倒闭和财富损失而耗尽的收入。许多政府官员认为，禁酒令制造出了利润丰厚的酒类黑市，阻碍了经济全面复苏，同时剥夺了酒类相关商业活动带来的大量税收。1932 年总统大选期间，共和党时任候选人赫伯特·胡佛和民主党希望之星、未来总统罗斯福都表示声援美国宪法《第二十一修正案》，该修正案将废除禁酒令，并有望为陷入困境的美国经济全面复苏提供支持。

财政部内设立禁酒局
1930 年 6 月 14 日 华盛顿特区

▲ 一群人聚集在华尔街的纽约证券交易所外

▲ 威斯康星州参议员约翰·布莱恩起草了一项法案，促成取消禁酒令

▼ 艾尔·卡彭1939年获释后，离开芝加哥监狱。后来，他搬到了佛罗里达

赫伯特·胡佛接受总统提名时，反对禁酒令
1932 年 8 月 11 日 伊利诺伊州 芝加哥

罗斯福总统签署了《卡伦哈里森法案》，使啤酒和葡萄酒的销售合法化
1933 年 3 月 22 日 华盛顿特区

1932　　　　1933

起草《布莱恩法案》
1932 年 12 月 6 日 华盛顿特区

威斯康星州参议员约翰·布莱恩起草了《布莱恩法案》，该法案是立法废除美国宪法《第十八修正案》和结束美国禁酒令的基础。《布莱恩法案》允许各州成立委员会，有权批准拟议修正案，而废除禁酒令需要48个州中的3/4多数通过此案。得克萨斯州参议员莫里斯·谢泼德此前曾表示，"如果《第十八修正案》可以废除，尾巴拴着华盛顿纪念碑的蜂鸟便能飞到火星上"，并计划进行"冗长演说"（一种冗长含糊且基本不间断的参议院演讲，通常被用来阻挠对法案的投票）以扼杀任何类似措施。尽管如此，废止长达13年的禁酒令的法律进程仍已启动。

禁酒令终止
1933 年 12 月 5 日 华盛顿特区

美国宪法《第二十一修正案》在国会获得批准，该法案废除了13年前颁布的《第十八修正案》，结束了美国的禁酒令时代。犹他州成为第36个批准该法案的州。然而，一些州还是继续执行禁酒令，其中2/3的州维持着某种形式的权力，地方当局允许个人选民执行准许或禁止酒类商业的措施。密西西比州是美国最后一个有明确法令的州，1966年废止禁酒令相关规定。随着禁酒令宣告结束，全国各地都举行了庆祝活动。在家庭圣诞庆祝活动中，富兰克林·罗斯福总统拿出一瓶51年前的葡萄酒，宣称："能和家人一起举杯饮用合法酒是我的莫大荣幸。"

▼ 女士们坐在曼哈顿的一家酒吧顶层，一直喝到禁酒令结束的那一刻

禁酒之路

- 13 殖民时代的饮酒
- 19 禁酒小试
- 33 反对禁酒令的人
- 45 新兵与酒
- 51 通往禁酒的崎岖之路

▼ 欧洲人随"五月花号"游轮带来各种各样的习俗,包括他们的饮酒习惯

殖民时代的饮酒

欧洲对北美的殖民带来了他们对酒的欲望,这种欲望很快就在当地文化中根深蒂固

17世纪来到北美的欧洲殖民者带来了各种习俗和传统,其中之一就是他们对酒的喜好。酒精饮料的消费极其普遍,饮酒习惯也被带到了大洋彼岸,生产和运输酒精饮料就成了横跨大西洋的大生意。

16世纪20年代,普利茅斯殖民地建立之初,殖民者中就有一位专业的酿酒师,酿造啤酒是北美殖民地生活的一部分。随着越来越多的殖民地的建立,人们越来越喜欢喝酒,他们常常早餐喝葡萄酒,午餐和晚餐喝烈酒,相当于现代人的早餐咖啡和下午茶。这不仅仅是工人的渴望——对酒精征税也是早期殖民政府一项不菲的收入来源。啤酒生产许可证已经出台,任何未经许可的酿造行为都要受罚。1634年,第一个酒馆许可证签发,随后很快出台了关于啤酒度数和价格的规定。

在殖民地建立的基督教会认为酗酒是一种罪恶,但很少有人采取行动阻止人们喝得酩酊大

> 18世纪末，美国公民平均每年饮酒13升。1830年，这一数字在15岁以上人群中上升到峰值26.4升。

醉。酒精在美国社会中的作用不仅局限于日常饮用，还是许多处方药和治疗方法的一部分。

不是每个殖民地的人都是酒鬼。美国第一个戒酒协会成立于1789年。这个协会建立在创始人本杰明·拉什博士的戒酒理念之上，这位医生是《独立宣言》的签署者之一。他在1785年发表了一篇《关于兴奋精神对人的身心影响的调查》，试图教育人们认识酗酒的危险性及其对社会的影响。他不提倡完全的禁酒主义，但他是最早将酗酒视为医学和精神问题的医生之一。他认为对酒的过度消费，正在影响着他所帮助建设的国家的发展。

18世纪末，美国公民平均每人每年饮酒13升。1830年，这一数字在15岁以上人群中上升到峰值26.4升。而今天的水平约为8.7升。所谓的"醒眼酒"（早上起床时喝

> 美国海军曾经给所有的水手每天每人提供半品脱①的朗姆酒

① 1美制湿量品脱≈473毫升

美洲原住民与酒

在欧洲殖民者到来之前，饮酒在北美并不是一种流行的消遣方式

美洲土著人通常将白花蛇舌草和曼陀罗等草药及烟草用作娱乐活动和医药用品，但并没有欧洲的饮酒传统。16世纪至19世纪，随着欧洲殖民者与不同部落和国家接触，酒作为交易的谈判工具被提供给当地人。对一些人来说，这是他们第一次体验到酒，至少可以说，他们此前从未接触过此等数量和烈度的酒精。

在平原战争期间，美洲土著人经常接触到过度饮酒的军人，他们喝的蒸馏酒比土著人喝的烈酒要烈得多。沃沃卡是一位宗教领袖，在冲突接近尾声时领导了流行的鬼舞运动，他鼓励他的追随者戒酒，因为他看到了酒对他们的影响。

有一个土著群体，在与殖民者接触之前就对酒精生产有所了解，他们是来自现在新墨西哥的普伟布洛（Puebloan）印第安人。有记载表明，他们酿造了一种玉米啤酒，相关考古发现可以追溯到800年前的饮酒容器。

在后来的几年里，欧洲殖民者将醉酒的美洲土著人形象妖魔化，并将其作为政治宣传工具。1802年，托马斯·杰斐逊总统禁止在部落土地上饮酒，1832年禁止向美洲原住民出售酒精。这一禁令直到1953年才解除。

▲ 殖民者与美洲土著人交易朗姆酒的插画

▲ 密尔沃基是一个重要的酿酒中心，这在一定程度上要归功于当地大量的德国移民

的使人摆脱睡意的酒）和"睡前酒"是非常流行的开始和结束一天的方式。据估计，1854年美国有500家德国啤酒厂，美国的许多现代啤酒厂都起源于当初涌入的欧洲啤酒。例如，德国移民人口众多的密尔沃基，是该国4家大酿酒厂的所在地，其中包括米勒公司。作为米勒康胜公司的一部分，米勒公司至今仍是美国最大的啤酒公司之一。

禁酒令源于19世纪初，当时人们对饮酒的态度开始发生变化。马萨诸塞州通过的新法律意味着现在只能批量购酒，而不能少量购买。人们开始关注限制药物或物质本身，而不是饮酒者。现在，酒以及它对人的影响受到了质疑。这一时期，随着对饮酒问题的认识普遍加深，人们开始将酒精中毒视作一种疾病。

在禁酒令正式颁布之前，一些州已经开始禁酒。1851年，缅因州第一个对酒说不，到美国内战时，已有13个州正式效仿这一做法，但他们

▲ 本杰明·拉什是一位才华横溢的知识分子，他试图鼓励人们有限度地饮酒，而不是完全禁止

威士忌暴乱

当美国政府对威士忌征税时，许多农民拒绝付款，并反对这项新法律

美国独立战争的爆发使酒水进口陷入困境。这导致了美国酿造的威士忌开始流行，苏格兰和爱尔兰移民尤其喜爱这种饮料。战争结束后，流行势头不减。肯塔基州和俄亥俄州的玉米丰收，威士忌的整体价格每加仑[①]不过25美分，与啤酒、葡萄酒甚至茶、咖啡和牛奶相比，威士忌价格尤为低廉。

战后几年，美国累积了5000多万美元的国债，导致1790年对生产威士忌征税。农民拒绝纳新税，1791年威士忌暴乱爆发。暴乱集中在宾夕法尼亚州的匹兹堡，农民们绑架税吏，脱光他们的衣服，再用烧红的火钳给他们身上打上烙印或涂上柏油、粘上羽毛，他们以这样的方式进行抗议。还有一些收税员遭到殴打甚至枪杀。

在暴乱期间，大约1500人游行到匹兹堡抗议联邦纳税。这些恐吓手段使得宾夕法尼亚州逃税多年，但在军队镇压后，暴乱活动停止。后来几名暴乱领导人被抓获，要么被判入狱，要么被处以绞刑。

▲ 一位税吏在威士忌暴乱期间全身被涂上柏油并粘上羽毛

做得究竟有多"彻底"，还很难确定。如果发现有走私犯把酒带到禁酒州，他们将面临1000美元的罚款，但是一道严格的联邦法令常常会阻止法律的颁布。

酗酒的流行意味着酒精引发的暴力行为可能在一些城市盛行。其中一个反对组织名为"妇女基督教戒酒联盟"（Woman's Christian Temperance Union），该联盟领导了一场教育人们认识酒精危害的全国性运动。该运动的思想在学校内传播，据说一些妇女基督教戒酒联盟成员冲进酒吧和酒馆，下跪祈祷并要求关闭该机构。在弗朗西斯·威拉德的领导下，该组织在鼎盛时期有超过100万名成员，他们还设法禁止饮酒者成为教师。另一个反对组织是"全国禁酒党"（National Prohibition Party），这是一个反对酒精的政党，成立于1869年，其目的是彻底禁止售酒。该党从未获得政权，但其支持度在1892年达到顶峰，当时该党领导人约翰·比德韦尔在竞选总统时获得了26万多张选票。

"妇女基督教戒酒联盟"于1893年成立，

> 禁酒运动开始后，1840年的人均饮酒量下降到每年11升

---

① 1加仑≈3.79升。

得到教会的支持,成为反沙龙联盟的前身。"联盟"并非类似于"禁酒党"的反酒精政党。它与民主党和共和党等其他政党合作,试图说服政治家在其宣言中加入禁酒法。该组织还希望得到亨利·福特和约翰·D.洛克菲勒等知名人士的支持,但由于腐败的政客们依赖酒馆来获取权力,所以这些政策的实现往往遥遥无期。

《第十八修正案》并不是第一次试图禁酒。1890年的《威尔逊原始包装法》和1913年的《韦伯·肯扬法》限制了州际酒的运输。这样一来,任何运输中的酒都必须遵守它将要前往的州的法律。然而,这些法案并没有成功,因为它们没有得到联邦法律的支持,但它们预示着即将发生的根本性变革。

第一次世界大战期间,美国国内的反德情绪对酒类销售产生了影响,公众选择把钱花在别处,而不是给德国拥有的啤酒厂。谷物也需要用来喂养士兵和马匹,而不是用于酿酒。到战争中期,已有20多个州颁布了禁酒令,全国范围的禁酒令即将登场。

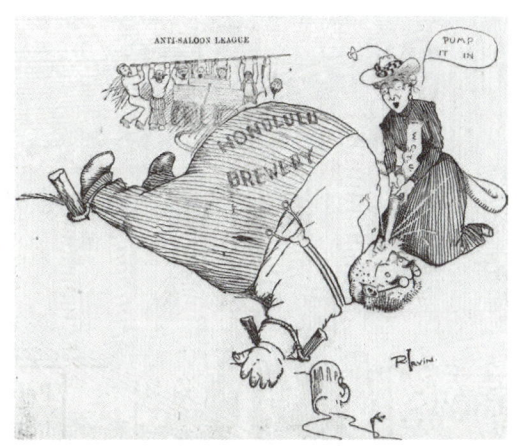
▲ 一幅1902年的报纸漫画,鼓励夏威夷减少饮酒

1871年,芝加哥的大火烧毁了该市的许多酿酒厂,因此,当地人从附近的密尔沃基进口啤酒

▲ 1892年在俄亥俄州辛辛那提举行的全国禁酒大会

▲ 游行者走上街头抗议饮酒。内战后禁酒运动恢复了活力

禁酒小试

为了控制酒精饮料的消费，美国的禁酒运动持续了两个世纪

美国禁酒运动的历史和这个国家一样古老。在新教的启发下，那些试图管制进而杜绝酒精消费的人走过了漫长而艰难的道路，终于在1920年争取到《第十八修正案》的批准和颁布。他们支持禁酒的狂热是社会、道德和宗教的产物，在他们看来，饮酒可以摧毁生命，对人类原有的阅历和经验有着方方面面的不良冲击。

禁酒运动反对酒精消费，旨在控制烈酒的供应或根除其饮用，包括啤酒和葡萄酒的消费。该运动警告人们不要酗酒，并告诫人们，这种行为是一种罪恶。这一运动长期以来指向酒瘾引发的社会问题，包括家庭破碎、暴力、犯罪、工人失去工作能力和对个人和公共健康的风险。严格管制的理由很简单：饮酒通常会上瘾。

在欧洲人移民美国的早期，饮酒是日常生活的一部分。酒是水资源短缺或污染时的替代物，药物中也包含酒精，而烈性苹果酒、啤酒、葡萄酒和蒸馏酒是殖民者从其母国带来的传统饮料。

·19·

▲ 20世纪初，禁酒游行前，人群排在街道两旁

虽然存在酗酒现象，但直到工业革命要求工人必须清醒地操作重型机械和设备前，它很少被视为一个社会问题。工作场所的事故是一个大问题，企业主苦恼于生产力下降，经常出于经济目的加入禁酒运动。

美国禁酒源于工业革命时期，是欧洲视角的延伸。此时，维吉尼亚、康涅狄格和纽约的倡导禁酒团体已经活跃起来。到了18世纪90年代，宾夕法尼亚州著名的医生、《独立宣言》的签署者本杰明·拉什反对使用蒸馏酒，但他认为适量饮用啤酒和其他常见的发酵饮料确实有益健康。拉什警告说，酒精可能会危害社会，但很少有殖民者注意到他的话。

禁酒运动早在19世纪20年代便活跃在英格兰、苏格兰、爱尔兰和斯堪的纳维亚地区。历史学家认为，历史上第一个推动禁酒的组织成立于

> 禁酒运动在那些试图遏制因酒馆老板而产生的政治腐败的人中找到了盟友

▲ 在这幅漫画中，倾斜的瓶装酒在禁酒游行的队伍前摇晃着

爱尔兰，然后通过不列颠群岛传到挪威和瑞典。卫理公会运动创始人约翰·卫斯理等欧洲重要神学家曾建议道："……除非绝对必要，否则购买、出售和饮酒都是必须避免的罪恶。"美国的神职人员也紧随其后，倡导禁酒。

在19世纪20年代和30年代，禁酒协会在新英格兰和纽约兴起，后来，1842年，改过自新的酒鬼约翰·巴塞洛缪·高夫旅行经过这个地区，邀请观众宣誓戒酒——20年后，他对此依然有着使命感。1826年，美国禁酒促进会在马萨诸塞州波士顿成立，4年内，全国大约有6000个禁酒团体在美国年轻人中开展活动。当时，15岁以上的美国人平均每年消费7加仑的酒精，约为现代成年人消费的3倍。与此同时，酗酒问题以惊人的速度浮出水面。

在美国社会意识的特殊时期，禁酒运动有了好势头。第二次大觉醒①的宗教热潮激起了人们对人类存在弊病的关注，强调个人原罪对上帝负有的责任，而悔改的人将得到救赎。与此同时，人们更加关注奴隶、极度贫困的工厂工人和体力劳动者的困境，以及导致痛苦和社会不稳定的恶习。饮酒被宗教人士认为是罪恶的，而其他人只是简单地认识到醉酒的后果和由此带来的痛苦。

截至19世纪中叶，美国禁酒协会成立不到10年，全国地方团体数量达到8000个，会员数量增加到125万人。许多类似的组织也在吸引群众参加公开会议。这一增长至少部分得益于著名新教牧师的精彩言论。

被称为现代复兴主义之父的长老查尔斯·格兰迪森·芬尼在热情洋溢的布道中，要求听众保证彻底戒酒。1828年，另一位长老会教徒莱

---
① 第二次大觉醒，是指在18世纪末到19世纪初，在美洲大陆兴起的类似第一次大觉醒般的宗教复兴。教会的教友及城市百姓们都悔改认罪，基督信仰生活兴起，人们渴慕认识耶稣基督，教会复兴，历史学家称之为第二次大觉醒。

▲ 20世纪早期，活跃在禁酒和妇女选举权运动中的玛丽·利弗莫尔

▲ 一个衣衫褴褛的男人可能是为了寻求支持饮酒，在禁酒厅门外等候

禁酒运动领袖

许多人致力于通过劝说和行动推动美国的禁酒运动

本杰明·拉什

这名殖民时期的宾夕法尼亚州医生和大陆军队的外科医生是最早提出"烈酒"饮用问题的美国人之一。他也是《独立宣言》的签署者之一,并认为适量饮用啤酒和葡萄酒有一定的药用效果

莱曼·比彻

作为长老会牧师和美国禁酒促进会的联合创始人,他于1826年发表了具有影响力的著作《关于放纵的六条布道》,并称在19世纪20年代和30年代,酗酒是一种国家罪。他是13个孩子的父亲,其中包括哈里特·比彻·斯托,她创作了反奴隶制小说《汤姆叔叔的小屋》

查尔斯·格兰迪森·芬尼

近代复兴主义之父,长老会牧师查尔斯·格兰迪森·芬尼在"第二次大觉醒"期间宣扬针对酒精、奴隶制等社会热点问题的反对思想。1830—1831年,他在纽约罗切斯特的大复兴活动中发起了许多这样的集会,其中包括呼吁个人签署反对饮酒的承诺

弗朗西丝·威拉德

◀ 1879—1898年,弗朗西丝·威拉德担任妇女基督教禁酒联盟的第二任主席期间,拓宽了该组织的使命范围。这一理念体现在她处理19世纪末各种社会问题的"无所不能"哲学中,而戒酒是该组织的中心主题

韦恩·惠勒是20世纪初反沙龙联盟最重要的领导人,他通过政治劝说和胁迫影响立法者,获得有利选票这一策略是决定禁酒运动成功的关键因素。禁酒运动导致美国通过了《第十八修正案》,并实施了禁酒令 ▶

韦恩·惠勒

1826 年，15 岁以上的美国人平均每年饮酒 7 加仑，是现代人的 3 倍。

曼·比彻出版了《关于放纵的六条布道》，他在该书中称醉酒是"国家罪"，这也让他成了政府反对生产和销售白酒行动的最早支持者之一。与此同时，许多地区的人们印刷并发行了配有天气预报和禁酒运动最新消息的戒酒年鉴。

随着禁酒运动倡导者从温和派转向提倡自助和团体帮助饮酒者戒酒，然后转向希望政府干预，以结束啤酒、葡萄酒和白酒的生产、销售和消费，在席卷全国的进步主义浪潮中，他们与寻求结束奴隶制的废奴主义者和女权活动家们找到了共同点。名册上那些承诺完全禁酒的人的名字旁边将标记有一个"T"字，这也是"禁酒者"一词的由来。这些组织还将自己称为"纯水部队"，因为他们在美国大城市社会问题日益严重的情况下，提倡只饮用水。

反对酗酒派在政治舞台上也掀起了波澜，伊利诺伊州众议员、33 岁的亚伯拉罕·林肯于 1842 年在斯普林菲尔德华盛顿禁酒协会发表演讲时说："我相信，如果把酗酒者划为一类，我们会发现他们的头脑和心灵优于其他任何人。在那些才华横溢、热血沸腾的人身上，似乎常常会有这种堕落的倾向。"

华盛顿运动于 19 世纪 40 年代初开始于马里兰州的巴尔的摩，有趣的是，它的核心是一群工匠和手艺人，他们中有很多粗野的人，被称为"酒桶"（hard drinkers）。华盛顿学派的观点与林肯相似，并未谴责在酒精中堕落的人，而是对他们表示同情和支持。华盛顿运动成员不支持政府干预酒精贸易和消费，而是选择利用同侪的压力和胁迫来打击酒精中毒的蔓延。事实上，该组织对新教运动和基督教教派固有的分裂性持怀疑态度。他们拒绝将醉酒视为一种罪恶，也因此受到了基督教改革者的攻击。

到 1845 年，华盛顿运动在禁酒运动的福音派分子的攻击下开始衰落，因为其成员拒绝将酗酒者视为罪人。然而，华盛顿运动成员自己也遭受了声誉的毁损，原因是一些普通成员有时在公共场合复饮。华盛顿运动成员内部对禁酒立法的观点进一步分裂，其他组织也加强了对个别酒鬼的同情和宣传。"善良的撒玛利亚人"和"禁酒之子"举行了不对外开放会议，要求成员满足一定条件，并对违反规定的行为处以罚款。

然而，到了 19 世纪 50 年代，禁酒运动开始由重点关注受酒精中毒影响的个人和家庭，转向政府监管。1855 年，马萨诸塞州通过了一项法律，禁止销售某些类型的酒，而密歇根州的立法机构则指定相关机构就禁酒问题向地方市政当局采取行动。1846 年，缅因州通过了美国第一部禁止销售酒精饮料的全州法律。1851 年，著名的《缅因州酒类法》颁布。该法律的制定由被称为"禁酒拿破仑"和"禁酒之父"的活动家和政治家尼尔·道带头，这一努力遭到了缅因州的工

> 最繁忙的时期，反沙龙联盟每月的禁酒宣传印刷出版物超过 40 吨

女性带头戒酒

禁酒运动从一开始就受到许多有影响力的女性领导人的推动和指导

在一个多世纪的努力中，妇女在禁酒运动中所起的作用不可小觑。

女性成为禁酒运动的主要参与者，主要是因为她们的宗教动机及切身体会了饮酒的不良影响。随着国家的发展，烈酒、啤酒和葡萄酒的供应量也在增加，妇女们为打击这个阴险的敌人做出了开创性的贡献。

到19世纪30年代初，美国至少有24个由女性领导的禁酒组织活跃起来。中产阶级的新教徒妇女被灌输了喝酒是一种罪恶的道德信念后，纷纷行动起来。受内战影响，这一事业在某种程度上中断，1870年，随着妇女基督教戒酒联盟的成立，著名领导人莎拉·安妮·特纳·维滕迈尔和弗朗西斯·威拉德的努力又使其重新焕发了活力。同时，妇女选举权运动带来了苏珊·安东尼和伊丽莎白·卡迪·斯坦顿等领导人的支持，她们与禁酒组织在推进社会福利方面找到了共同的目标。最终，随着成员数量的日益增长，妇女基督教戒酒联盟成为一股不可忽视的政治力量。

嘉莉·内申等女性领导了禁酒运动中最突出、最激进的一个团体。她们用石头和斧头暴力捣毁了一家酒馆后遭到逮捕，这一举动登上了全美国的报纸头条。尽管人们对此看法不一，但这却有效地提高了禁酒运动的知名度。

▲ 妇女基督教戒酒联盟的成员在演唱歌曲《干净无酒的加州》

▲ 1917年，美国明尼苏达州的妇女举行了禁酒游行

人阶级及广大移民的反对。然而，《缅因州酒类法》的通过宣告了禁酒运动的新时代已经到来。法律规定，除"药用、机械或制造用途"外，禁止生产和销售酒精饮料。

陶氏担任市长的波特兰爆发了骚乱，市政厅遭到袭击，原因是示威者认为陶氏将烈酒存放在地下室。

《缅因州酒类法》于1856年被废除，但在陶氏短暂的任期内，这项措施在全球受到赞扬，到1855年，在其他12个州也产生了类似的立法。这些州很快就被贴上了"干州"的标签，与酒类仍然合法的"湿州"形成了对比。缅因州禁酒运动的力量使这一问题即使在《缅因州酒类法》被废除后仍然处于政治前沿，而且在未来几年中，各种措施都被重新制定，这导致1885年禁酒被写入州宪法。

国际合作是新兴戒酒运动的主要力量，而促成这一局面的最有效的组织之一是1851年在纽约尤蒂卡成立的"圣殿骑士团"（Order of the Good Templars）。该组织自称是"预防和减少酒精和其他药品危害的循证政策和社区干预措施的全球对话者"，它是一个兄弟会组织，接纳男女成员，最初成员之间没有种族区别。两个早期的团体在报纸编辑和政治家韦斯利贝利的领导

自1872年以来，禁酒党在每次美国大选中都派出总统候选人。他们在2016年的选举中获得了大约5600张选票。

▲ 衣着光鲜的男人、女人和孩子们站在马车旁,加入一场支持禁酒的游行

▲ 在这张1908年拍摄的照片中,一场由车辆和游行者组成的禁酒游行在芝加哥街头展开

下合并，标志着"圣殿骑士团"的诞生。

1868年，英国激进分子约瑟夫·梅森回到自己的祖国，在英国伯明翰建立了第一个国际圣殿骑士团。在接下来的几年里，这个组织像野火一样蔓延到欧洲和世界各地，在中国、日本、印度、加勒比、法国、葡萄牙、南非、阿根廷和中美洲都建立了据点。20世纪初，荷兰、缅甸和非洲大陆建立了更多的组织。20世纪70年代末，该组织在全球仍有大约70万成员。

内战前后的美国禁酒运动都深深植根于基督福音书中的思想。19世纪中叶第三次大觉醒时期，一些组织走上了禁酒运动的前沿，对其未来产生了巨大的影响。在复兴运动、夏令营会议和祭坛呼吁悔改之际，传教士们强烈要求承诺戒酒。

1844年，在慈善家乔治·威廉姆斯爵士的

▲ 嘉莉·内申以禁酒运动的名义，煽动人们暴力袭击酒馆

▲ 一位传教士在肯塔基州科尔宾的一家酒馆前发表关于戒酒的演说

指导下，基督教青年会（YMCA）于伦敦成立，宗旨是发展健康的"身心和精神"。随着青年男子在工业革命期间拥入城市寻找工作，该组织与面向青年妇女的基督教女青年会（YWCA）一起壮大。该组织的总部设在瑞士日内瓦，在美国也发展良好，他们为年轻人提供健康的居住环境，同时开展娱乐活动，希望能引导年轻人远离酗酒、赌博、卖淫和街头犯罪的恶习。直至今天，他们仍在积极倡导基督教福音指导下的健康体魄和正面消遣。1865年，救世军在伦敦成立，这个卫斯理宗和卫理公会派传统中的宗教组织很快也在美国活跃起来。它最初关注的是社会福利，最初的皈依者中有改过自新的酗酒者和吸毒者。

维多利亚时期，禁酒运动逐渐走向更强有力的立法行动，以消除酒类消费，而不是简单地遏制滥用。在后内战时期，这一努力扩展到了一场实实在在的群众运动。

在政治舞台上，禁酒党成立于1869年，由密歇根州的卫理公会牧师约翰·拉塞尔担任第一任主席。该组织是美国政坛历史最悠久的第三党，其主要纲领是支持禁酒运动。自1872年以来，该党在每次美国大选中都派出总统候选人，在禁酒令颁布之前极有影响力，在2016年的大选中，他们获得了约5600张选票。20世纪初，来自加州的禁酒党员查尔斯·H. 兰德尔三次当选美国国会议员，西德尼·凯茨则于1916年当选佛罗里达州州长。

妇女基督教戒酒联盟（WCTU）是最早加入反对烈酒运动的妇女组织之一。1873年12月23日，该联盟在俄亥俄州希尔斯伯罗成立，次年在俄亥俄州克利夫兰举行的全国大会上站稳了脚跟。十年内，该组织的国际分支开始运作。妇女基督教戒酒联盟大胆地宣称，它的信仰是以基督教福音为坚实基础，通过净化和禁酒创造一个"清醒而纯净的世界"。

在前两任主席萨拉·"安妮"·特纳·维滕迈尔和弗朗西斯·威拉德的领导下，妇女基

> 加州禁酒党总统候选人约翰·比德威尔在1892年的选举中获得超过27万张的选票

禁酒时间轴

决定性时刻
本杰明·拉什发表研究报告 1790
医师、政治家和社会改革家拉什发表了一篇关于烈酒对人体影响的研究报告。该报告提醒人们注意酗酒问题，并提及了预防和治疗手段。

决定性时刻
妇女基督教戒酒联盟成立 1873
妇女基督教戒酒联盟，注定会成为同类组织中最大的戒酒组织。该组织成立于俄亥俄州，随后遍布全球，拥有成员数超过70万。

1826 ●美国戒酒协会成立
第二次大觉醒期间，美国禁酒协会成立于马萨诸塞州的波士顿，这一禁酒行动的主要组织致力于解决酗酒带来的日益严重的社会问题。

1828 ●基于《圣经》的比彻警告
长老会牧师莱曼·比彻《关于放纵的六条布道》引起了人们对饮酒罪恶性的关注。这本书被多次以多种语言再版。

1830—1831 ●伟大的罗切斯特复兴
在查尔斯·格兰迪森·芬尼领导的第二次大觉醒的重大复兴会议上，礼拜者必须签署一份禁酒誓言，接受对他们罪行的宽恕。

1840 ●华盛顿运动
华盛顿人戒酒协会成立于马里兰州，他们关注个体的痛苦，致力于为酗酒者提供同情和支持，坚决主张用社会手段打击酒害。

1851 ●《缅因州酒类法》
缅因州颁布了一项具有里程碑意义的法律，全面禁酒，尽管在1856年暴乱爆发后被废除，但该法律仍对其他12个州的立法行动产生了积极影响。

▲ 在狂热的兴奋中，边疆家庭在与一位解释酒精危害的传教士会面时发誓戒酒

决定性时刻
反沙龙联盟　1893
反沙龙联盟在俄亥俄州成立。在韦恩·惠勒的积极领导下，该组织对立法者造成了巨大的影响，并加速了《第十八修正案》的出台。

● **这一运动举步维艰**
在美国实行禁酒令后，酒类交易中的新兴犯罪行为和大萧条的到来，开始侵蚀禁酒运动的成果。

1929

1861　　　　　　　　　　　　　　　1900　　　　　　1913

● **内战中断**
内战的到来扰乱了禁酒运动的努力成果，部分原因是美国政府需要通过酒类贸易获得税收。4年后战争结束。

● **抢劫一家酒馆**
在上帝的指引下，好战的禁酒活动家嘉莉·内申冲进一家酒馆，用斧头捣毁酒具，以暴力回应酒精的邪恶。

● **关于宪法修正案**
反沙龙联盟领导人宣布，他们打算通过修改美国宪法，把禁酒引入法律条文。此举促进了《第十八修正案》的通过。

▲ 在纽约举行的戒酒会上，一位演讲者发出了强烈的反对饮酒的呼吁

督教戒酒联盟的人数迅速增长，口号是古希腊哲学家色诺芬所写的"凡事适度则受益，无度则贻害"。从1879年到1898年去世，威拉德一直担任这个组织的主席，1890年，妇女基督教戒酒联盟成为世界上最大的妇女组织。这一由女权主义者领导的组织还把矛头指向了烟草和其他社会问题。她们向20世纪初选举权运动领导人伊丽莎白·凯迪·斯坦顿和苏珊·安东尼发出呼吁，并最终与该运动实现联手。

维滕迈尔和威拉德在实现妇女基督教戒酒联盟目标的方法上意见不同。维滕迈尔不想将关注点从中心群体转移，这个群体以酒精上瘾的人为中心，维滕迈尔以道德为动力，试图改造那些因道德水准低下而屈服于酒精诱惑的人。然而，威拉德认为女性是"道德上优越"的性别，并相信选举权将推动妇女基督教戒酒联盟运动达到新的高度。她提倡"无所不为"的哲学，认为与普选运动结盟是有价值的，并寻求进行社会改革，如每天工作8小时、合理的工资和人人享有法律规定的平等正义。她的方法包括说教、社会活动、监狱改革和进入公立学校课堂的禁酒教育。到1927年，尽管内部派系纷争不断，但联盟在40个国家的成员已增至76.6万人。

到20世纪初，禁酒运动已经成为美国人日常生活的一部分。那时，大约每十个人中就有一人签署了某种禁酒誓言。禁酒积极分子被动员起来，在立法大厅、国际会议、学校教科书、戒酒庇护所和禁酒请愿中进行演讲、游说。在接下来

的20年里，这场运动声名鹊起，声势浩大。

在这一时期，禁酒运动的主要推动者是1893年在俄亥俄州奥伯林成立的反沙龙联盟。它最初是一个地区性组织，很快从俄亥俄州首府哥伦布的总部蔓延到全国各地，随后蔓延至西部城市。新教牧师强烈支持反酒馆联盟。其领导人、律师和直言不讳的禁酒主义者韦恩·惠勒制定了一套施压策略，利用媒体和舆论压力，说服甚至胁迫政治家采取有利于禁酒运动的行动。为此，反酒馆联盟组建了美国发行出版公司，在全国传播该组织的思想。

惠勒创造了一种系统的政治说服方法（后来被称为惠勒主义），并被证明非常有效。他认为，仅仅要求对禁酒令投赞成票，还不足以说服立法者采取行动。惠勒要求选民们多给国会议员办公室寄信件和发电报。报纸上刊发的大量稿件记载了他日益增长的影响力。例如，《辛辛那提问询报》称惠勒是"他那个时代最强大的政治力量"。

在1913年举行的20周年大会上，反酒馆联盟的领导层宣布，该组织打算逼迫国会批准宪法修正案，实行全国禁酒。通过与禁酒运动的其他团体，特别是妇女基督教戒酒联盟的紧密联系，反沙龙联盟在1916年的选举中取得了有利的结果。苏珊·安东尼说："反酒馆联盟成功的唯一希望是把选票交到女性手中。"

此外，第一次世界大战的爆发也意外推动了美国禁酒运动的发展。美国政府颁布了限制或暂停使用粮食生产酒的措施，声称粮食要用来养活海外饥饿的军队，为饱受战火蹂躏的欧洲难民提供救济。

反酒馆联盟与妇女基督教戒酒联盟和选举权运动的合作巧妙地实现了共赢。惠勒的策略在很大程度上促成了1919年国家禁酒法的变革性通过，以及1920年之后的《第十八修正案》的批准，禁酒由此进入美国的法律。

在美国历史上很少有运动能像禁酒运动那样产生如此大的影响。然而，人们期望的根除酒精所带来的深远社会改革仍然遥遥无期，禁酒令与其说是实际的成功，不如说是理论的幻影。毕竟，宪法修正案终究无法阻止消费，它所禁止的商业和卖酒仅仅是转入地下，成为犯罪分子的活动范围。

禁酒运动以一批忠诚的领军人物和数百万信徒的奉献精神为特征，随着禁酒令的颁布，禁酒运动达到了顶峰。然而，随着这项高尚的实验走向衰竭，为它提供动能和尖锐发声的组织也成了强弩之末。

▲ 这张可能是禁酒宣传照，拍的是旧金山一家酒吧门前不省人事的醉鬼

▲ 在20世纪20年代反对《第十八修正案》的集会上,一群反禁酒游行者表达了他们的立场

反对禁酒令的人

反对禁酒的人被称为"湿派",由于种种原因,他们联手反对《第十八修正案》

他们中有富人和穷人、土著和移民、实业家和农民、牧师和改革家。他们都看到了禁酒令中的不公正。这是一项社会工程①,试图全面禁止生产、运输和销售酒类。

尽管他们有反对禁酒的理由,但《第十八修正案》中的描述毕竟使禁酒成为法律,而且《沃尔斯特德法案》赋予其法律执行权,不过,通常被称为"湿派"的多样化反对群体坚持反禁酒运动,经过近14年的争论,最终成功废除了该法案。

当禁酒令于1920年1月生效时,居于美国第五大产业的酒业,几乎濒临灭绝。停业意味着工人失业,酒精税收的损失,以及基于酒的供求关系的违法地下经济迅速出现。由反沙龙联盟的韦恩·惠勒领导的"干派"运动的强制力和行动力

---

① 社会工程,社会学名词,指通过政府、媒体或私人团体,大规模影响特定人群的态度和社会行为,以便在目标人群中产生所需的效应。

暂时占了上风,推动了《第十八修正案》的获批。他有效地运用了"惠勒主义"或者是压力策略,威胁地方、州和联邦政客支持禁酒令立法,否则将惹恼"干派"势力,进而促使足够多的选民参加投票,击败任何与惠勒意愿背道而驰的候选人。

> 约翰·洛克菲勒向反沙龙联盟捐赠了70万美元,但后来转而赞成废除禁酒令

相对于资金充足、战略精明的禁酒运动,"湿派"做出的回应则较为迟钝。在禁酒前的日子里,反对这项措施的人相对散漫且沉闷。随着美国执行禁酒令,禁酒派势头增强。5年后,记者孟肯在谈到这种情况时,写道:"酗酒和犯罪率不减反增。精神错乱的人也变得更多。政府的成本没有减少,而是剧增。对法律的尊重也没有增加,反而减少了。"

事实上,在禁酒令明显失败的情况下,数百万美国人已经开始放弃早期对禁酒令的支持。尽管饮酒量有所减少,报告显示,与酒精相关的死亡和疾病的问题也呈积极趋势,但这些只是暂时的。因此,普通美国人观察到了一些令人不安的现象。他们背负着一项联邦所得税,这项宪法修正案批准的税收基本上取代了因废除酒精而损失的收入。他们偶尔喝点含酒精的饮料,但并不醉酒,却越来越难以合法获得酒精饮料。尽管冒着触犯法律的风险,他们还是经常去地下酒吧或路边餐馆去买啤酒或威士忌。毕竟,越来越多的美国人在禁酒问题上无视法律。他们关注黑社会犯罪的增长,关注帮派战争和谋杀的头条新闻。他们意识到政客们的伪善,这些人公开宣扬禁酒,但又闭门喝酒,并与私贩密切联系。眼前的一切剥夺了一种简单的快乐,这种快乐曾经无须遮掩,只要行为适度,不侵犯他人权利,也无乱纪之虞。

禁酒令原本旨在解决酗酒、家庭暴力、犯罪、监狱人满为患、诉讼积压及公共卫生状况不佳等问题。一些民选官员,尽管受到反沙龙联盟和韦恩·惠勒的威胁,仍然强烈反对禁酒。

马萨诸塞州国会议员乔治·丁克汉姆也抨击了《第十八修正案》,并在美国立法者中赢得了"最湿的湿党"的绰号。随着越来越多的美国人开始将禁酒令视为一种失败,不管它是否真的失败了,废除《第十八修正案》的呼声都越来越高。一些人认为,这场运动将乡村新教徒的道德观强加给美国城市人、有着自身传统的欧洲移民及那些只想合法地喝一杯啤酒的人。

对禁酒派来说,任何反对他们努力的机构或个人玩的都是公平游戏。例如,酿酒业与德国移民有着密切的联系,当美国在1917年4月加入第一次世界大战时,这个行业就遭到了诽谤。威斯康星州副州长约翰·斯特兰奇评论说:"我们的敌国德国就在大洋彼岸。在美国国内也有德国敌人,而在他们当中,最奸诈、最危险的当属帕布斯特、施利茨、布拉茨和米勒。这些都是来自德

乔治·丁克汉姆抨击了《第十八修正案》,并在美国立法者中赢得了"最湿的湿党"的绰号。

酿酒商努力维持生存

在禁酒期间，酿造了数百万加仑啤酒的公司被迫寻找其他方式继续经营

当伍德罗·威尔逊总统在第一次世界大战期间禁止生产啤酒时，他于1918年9月签署了这项措施，并在12月生效。那时战争已经结束，然而禁酒令仍然有效。当时，百威英博啤酒罐里的啤酒足够维持到1919年6月，但在那一年，这家庞大的啤酒厂只生产了21.8万桶啤酒。相比之下，从1901年到1915年，它每年酿造的啤酒数量都超过100万桶。

随着禁酒令的生效，酿酒商的处境每况愈下。有些酿酒商永远关了门。1922年，威廉·莱姆普酿酒公司以58.8万美元的价格卖给了国际鞋业公司。1919年至1922年，百威英博卖掉了汽车和房地产，并经受了4年总计560万美元的经营损失。该公司在1923年收支相抵，但财政状况出现好转的原因之一是对其他产品的投资。百威英博、帕布斯特和其他几家啤酒厂都在销售类似啤酒的饮料，这是一种酒精含量低于法律规定的0.5%酒精含量的麦芽饮料。百威英博的产品被称为"百威"，该公司还尝试着从百威啤酒中去除酒精。令人惊讶的是，当帕布斯特进入乳品市场并且实现了超过800万磅的奶酪销量时，卡夫公司为了保护自己的利益提起诉讼并胜诉。

在富兰克林·罗斯福总统批准"啤酒法案"生效后，1933年4月7日第一个法定日，人们喝了150万加仑酒精含量为3.2%的啤酒。

▲ 1933年，一辆百威英博的马车满载啤酒，准备交货

▲ 这场反对禁酒的示威活动发生在1933年夏天。"湿派"已经凭借"啤酒法案"赢得了胜利

阿道夫斯·布希喜欢佩戴奖章和勋章，包括他从德国威廉二世那里得到的奖章和勋章

国的美国酿酒公司。"

斯特兰奇的言论不仅对德裔美国公民具有煽动性，而且还散发着一种郁积的本土主义思想气息，也可以说是对特定人群的一种偏见，他们生在外国，以移民身份来到美国，支持在美国出生的公民利益。因此，禁酒令激起了一股奇怪的反移民情绪。德国、法国、意大利、爱尔兰和东欧移民被视为敌人，因为他们用所谓危险的啤酒、葡萄酒、香槟和威士忌腐蚀美国社会。他们是禁酒的主要对手——"恶魔酒"的代理人。

工商界领袖意识到，在禁酒期间，工人的生产效率开始下降。劳工组织的领导人警告国会，非法酿造啤酒可能会在工人中引发一波骚乱。许多妇女认为，与家庭有关的问题没有得到有效解决。这些选区起初是松散的联盟，后来又相互合作，在20世纪20年代末成立了反禁酒组织，他们的反对声浪达到了高潮。到1933年禁酒令被废除时，致力于结束"高尚实验"的组织多达40个。

与此同时，酿酒业也在多元化发展，尽最大努力维持现状。总部位于圣路易斯的百威啤酒制造商百威英博是美国首个在全国范围内销售的啤酒品牌。它生产的25种非酒精产品包括软饮料、玉米糖浆、蛋制品，甚至还有卡车车身等。科罗拉多州的康胜酿酒公司成为世界上最大的麦芽牛奶生产商，其对瓷器产品的投资使一家陶瓷生产企业得以生存至今。云岭和帕布斯特等啤酒厂进入乳制品行业，生产冰激凌和奶酪。酿酒师开始制作葡萄"砖"，可以在家里发酵，变成供个人饮用的葡萄酒。6家主要酒厂通过注册获得生产医疗用威士忌的许可证而得以继续经营。

▲ 全国禁酒改革妇女组织在招募成员时，招牌上写着"不收会费"

▲ 全国禁酒改革妇女组织领导人波林·莫顿·萨宾在一次反禁酒集会上

▲ 一群国会议员举着啤酒干杯庆祝禁酒令结束

阿道夫斯·布希将家族酿酒业务打造成美国同类企业中最大的一家，这家公司位于圣路易斯河畔，占地70英亩①。酿酒商协会的成员希望该公司对这些禁酒主义者做出回应。布希巴结政客和报纸编辑，为得克萨斯州的墨西哥人和黑人选民缴纳人头税，因为他相信，他们有可能投票支持啤酒销售。1913年，布希去世后，他的儿子奥古斯特·安海瑟·布希接手了家族企业，支撑其度过了禁酒时期。

为在美国保护和促进德国文化而成立的德美联盟，成了一个致力于击败"禁酒主义者对德国风俗习惯的攻击及针对德国人民的戏弄行为"的组织。超过200万美国人加入了联盟，拥有大量德裔人口的州不太可能投票赞成反酒精立法。尽管如此，啤酒酿酒商们还是经常与烈酒的酿酒商发生争执，一边指责烈酒生产商，一边宣传啤酒是一种"健康"饮料。

劳工组织是反对禁酒令运动最有力的组成部分之一。1931年1月，美国劳工联合会成立了修改《沃尔斯特德法案》全国委员会。该委员会的联合创始人马修·沃尔猛烈抨击国会，并指出美国纳税人，即工人阶级的成员，正在为那些"从事敲诈勒索、帮派活动、贬低道德和毒害公民身份"的人买单。他补充说，禁酒令已成为"悲惨的失败"和"最严重的错误"。

1931年3月，劳联修改《沃尔斯特德法案》全国委员会增加了一个咨询委员会，该委员会由75个国家和国际工会的代表组成。劳工领袖认

---

① 1英亩≈4047平方米。

软饮料激增

禁酒令时代的到来使人们对软饮料越来越青睐，这在禁酒时期形成前所未有的流行趋势

可口可乐是过去150年中占主导地位的不含酒精饮料，19世纪60年代可口可乐诞生，其他甜的、不含酒精的碳酸饮料也随之问世。随着禁酒令的到来，它们的受欢迎程度再创新高。美国人买不含酒精饮料且喝得津津有味，反映出禁酒前他们对啤酒的热爱。其他企业家也开发了自己的不含酒精饮料，其中包括费城的药剂师查尔斯·赫斯，他的麦根沙士配方源于几款此类饮料，这些饮料可以追溯到殖民地时期的美国。赫斯将其作为一种"禁酒"直接向公众推销。在禁酒期间，仅可口可乐的销售额就增长了两倍。

在19世纪60年代，托马斯·布拉姆威尔·韦尔奇博士得到卫理公会教会管理部门的许可，在圣餐礼中使用他的产品"韦尔奇博士的未发酵葡萄酒"代替真正的葡萄酒。韦尔奇葡萄汁，一个如今仍耳熟能详的品牌，在禁酒期内创造了巨大的销售纪录。1924年，佐治亚州哥伦布市的药剂师克劳德·A.哈彻创立了切罗可乐联盟瓶装饮料公司，最初销售"皇冠姜汁汽水"，后来进入了可乐市场并推出了无酒精饮料内希，这种饮料有多种水果口味，包括葡萄、橙子和桃子。公司更名为内希公司，后来又更名为皇家皇冠公司。

▲ 可口可乐和其他软饮料在禁酒期间广受欢迎。其广告起到了极大的宣传作用

> 一项对全美602个警察部门的调查得出结论，这些年来，违反禁酒令的现象暴增。

为，《第十八修正案》标志着美国历史上第一次剥夺公民的权利，而不是保护或增加个人自由。

早在1917年12月，当美国为避免卷入第一次世界大战而苦苦挣扎时，美国劳工联合会主席塞缪尔·戈佩斯就曾给《华盛顿时报》写过一封公开信。他评论说："除了宪法的禁酒令修正案会对涉及的工人造成直接伤害之外，我不得不说，禁酒令提议使我混乱迷茫，同样必然会在我国人民心中产生动乱和争端。"

在1923年成立时，纽约温和联盟与美国劳工联合会和马萨诸塞州宪法自由联盟合作，督促国会修改《沃尔斯特德法案》中有关"酒精饮品"的定义。尽管该组织的名字暗示了这一观点来自一个州级组织，但其努力的范围是全国性的。在其支持下，至少有100项法案连同参议院第1524号法案一起被提交众议院。这些措施试图修改《沃尔斯特德法案》，将"致醉酒类"的标准从酒精含量0.5%改为2.75%。这些尝试都没有成功，但该组织成功地提高了反禁酒令运动的知名度。1926年，它的成员对美国602个警察部门进行了一次调查，得出的结论是，这些年来，违反禁酒令的现象暴增，而在禁酒令成为法律之前已经禁酒的州，犯罪人数更是急剧增加。

1918年由威廉·斯泰顿创立的反禁酒令修正案协会是美国最大、最有效的反禁酒令组织之一。其成员包括有权势的商人、实业家、政治家及前纽约市市长。全国禁酒改革妇女组织由波林·莫顿·萨宾创立于1929年，这一最具影响力的"湿派"妇女组织鼎盛时期成员超过150万。

协助反禁酒令修正案协会莫莉·皮彻俱乐部的名字来自一位独立战争中的女主人公，其成员均是女性。该组织由路易丝·格罗斯创立于1922年，它公开谴责"且不论那些可能构成犯罪的习惯，我国政府倾向于对公民的个人习惯进行干预"。该组织还劝说纽约州州长史密斯废除州禁酒令。

莫莉·皮彻俱乐部从未成为全国性组织，然而，它在纽约和宾夕法尼亚州一度很有影响力。当其势头放缓时，格罗斯领导了该组织的重组，使之蜕变为"修改《沃尔斯特德法案》的妇女委员会"，后来更名为"废除《第十八修正案》的妇女委员会"。

1927年，律师加入了反禁酒令运动，以约瑟夫·乔特为首的一个有影响力的团体成立了律师自愿委员会，并发表了一份有针对性的使命宣言，其中一部分写道："《第十八修正案》和《沃尔斯特德法案》违了我国法律和政府的基本原则，侵犯了适当保留给州和人民的权利……企图执行这些原则导致违法行为的产生，及随之而来的罪恶和滥用职权，包括不尊重法律、妨碍正当司法、公职人员腐败、滥用法律程序、

纽约州州长史密斯收到一箱啤酒后说："我唯一的遗憾是，这车酒不全是我的。"

▲ 1933年,芝加哥民众庆祝禁酒结束

1929年,残酷的禁酒犯罪迫使弗雷德·克拉克成立十字军,倡导在地方废除禁酒令

禁酒令和隐私

1928年美国最高法院的一项裁决所涉及的不仅仅是禁酒令问题

在禁酒令下,"湿派"和"干派"都遇到了人身自由的挑战。罗伊·奥尔姆斯特德是华盛顿州西雅图市警察局的一名中尉。他也是一个成功的私酒商。1928年,他遭到监听调查,随后被逮捕,生意也随之停业。几个月来,联邦探员一直在监听他与客户和商业伙伴的交谈。奥尔姆斯特德被判犯有违禁罪。

奥尔姆斯特德对他的定罪提出上诉,理由是监听违犯了宪法《第四修正案》禁止的非法搜查和扣押的条款。最高法院裁定奥尔姆斯特德败诉,首席大法官威廉·霍华德·塔夫特写道:"……没有搜查,也没有扣押。证据是通过监听的方式获得的,并无其他……"直到1967年,法院判决窃听必须获得搜查令,这一裁决才被推翻。在1928年的案件中,大法官路易斯·布兰代斯表示异议,他曾指出,《第四修正案》遭到了侵犯,奥尔姆斯特德理应享有"不被干预的权利——这是我们最全面的权利,也是文明人最珍视的权利……"

▲ 最高法院大法官路易斯·布兰代斯在奥尔姆斯特德案中写下了反对意见,后来被证明是正确的

政府在获取证据时采取的不正当和非法行为及违反免于双重审理①、非法搜查和扣押等宪法承诺。"

1932年共和党全国代表大会期间,赫伯特·胡佛被提名为该党连任总统的人选,在此之前,知名人士组成了反对全国禁酒的共和党公民委员会。创始人包括拉莫特·杜邦公司的乔特、匹兹堡油漆和玻璃公司的雷蒙德·皮特凯恩、实力强大的菲利普斯石油和天然气公司的宾夕法尼亚州立法委员托马斯·W. 菲利普斯及帕卡德汽车公司的亨利·B. 乔伊。该组织要求该党公开表明赞成废除《禁酒令》,但尽管努力了,该平台还是没有发挥作用,仅发表了一份基本上中立的声明。

反对派有时组织良好,但有时也不团结,尽管如此,反对行动还是得到了多种力量的支持。富人和权贵首先力图修改法律,然后和美国各地的劳动人民一道努力,最终实现废除《禁酒令》。这段经历本身对禁酒令废除所起的作用,与湿派所起的作用一样大。到了20世纪30年代初,随着人们意识到道德立法是一项几乎不可能完成的任务,禁酒承诺的光环已经褪去,对禁酒的支持已经大大削弱。

---

① 双重审理:针对同一控诉进行两次或多次审判。

▲ 在华盛顿特区，抗议者沿着街道排成一排，呼吁人们关注在第一次世界大战期间禁酒的有害影响

新兵与酒

第一次世界大战使美国更加重视禁酒,并且视饮酒为一种不爱国的行为

宣传海报上的信息很鲜明。图中有一名士兵伸出手指,控诉道:"你是支持我,还是支持酗酒?请对11月5日禁酒令投出赞成票。"俄亥俄州禁酒联盟的信息显然是支持该州投票站的一项禁酒措施。

1917年4月美国加入第一次世界大战时,国会当年通过的《选择性服务法案》明确规定严格控制服务人员的酒类分配和消费,其规定与在全国活跃了90年左右的禁酒运动在政治和道德上是一致的。因此,第一次世界大战并没有导致美国政府颁布禁酒令,相反,这场战争成了禁酒运动的同盟,而且是一个坚强的同盟。

反沙龙联盟、基督教青年会、妇女基督教禁酒联盟、战时禁酒联合委员会和其他组织利用战争的经验来传达饮酒是既不道德也不爱国的行为。他们推断,除了德国和轴心国,美国士兵也在与酒精恐惧做斗争。宣传人员宣扬,美国士兵是十字军,他们与一个天性邪恶的敌人作战,这不仅是因为美国的政治和文化标准，更与美国肆意饮酒的风气有关。与此同时，饥荒的阴霾笼罩着欧洲大陆，啤酒酿造和酒类蒸馏分流了用于生产粮食的谷物，这一情况进一步损害了酒类的名声。

当美国参加第一次世界大战时，禁酒运动正处于在反对"湿派"中占上风的边缘。在1916年的总统选举中，民主党现任总统伍德罗·威尔逊和他的共和党对手查尔斯·埃文斯·休斯都没有公开发表关于禁酒令的意见，双方政党都没有将其纳入自己的政策纲领。尽管如此，它仍然严重影响着这个国家。1913年，随着美国宪法《第十六修正案》的出台，个人所得税逐渐提高，这减少了政府对酒类贸易税收的依赖，而1920年《第十九修正案》支持妇女选举权的承诺，使更多的妇女进入了"干派"。到1917年，美国第65届国会召开，两党都有大量赞成禁酒的代表，而法律能否通过取决于是否有2/3以上的代表投赞成票。

一些著名的支持饮酒的领导人因战争而沉默。受到影响较大的是德裔美国酿酒商，他们早期来到美国，并带来了他们的手艺。例如，百威英博酿造帝国的阿道夫斯·布希和帕布斯特酿造公司的约翰·戈特弗里德·弗里德里希·帕布斯特的继承人，当他们父辈的祖国成为美国和盟国的敌人时，他们就遭到了排挤。一些狂热的反对者认为他们的产品是"凯撒啤酒"。

务实的威尔逊总统需要"干派"立法者支持自己制定政策，这包括他极力避免的宣战。政府在1917年中期采取行动，通过《杠杆法》和《食品和燃料控制法》对粮食的使用原则作出了规定。威尔逊任命赫伯特·胡佛为美国食品管理局局长，而耶鲁大学经济学家欧文·费舍尔则以"每天节省一千一百万个面包"为座右铭，带头推动60国委员会反对将谷物用于酒类生产。

1918年2月，威尔逊总统收到一份有600万妇女签名的请愿书，要求禁止生产和销售啤酒。尽管威尔逊本人反对这项措施，但这一行动的政治影响不容忽视。那年夏天，胡佛在食品管理局发布命令，所有啤酒和麦芽酒的酿造在1918年11月30日午夜结束。同样，德国和爱尔兰的啤酒制造商，也是该产品最多的消费者之一，很容易成为目标。战争引发的所谓粮食危机与禁酒运动形成合力，引发了强烈的禁酒情绪。具有讽刺意味的是，在结束战争的停战协定之后，1918年11月18日，国会通过了《战时禁酒法》，然而早在前一年，两院就已经通过了要求修改宪法、让禁酒令成为国家法律的决议。

当美国士兵到达法国西部前线时，他们在战时饮酒的经历与盟国士兵大相径庭。例如，与英国和法国士兵不同的是，美国军队没有定期发放酒类配给。美国人被背后的娱乐机会所吸引，而这些机会往往是由提倡节制饮酒的组织赞助的。基督教青年会的夏令营类似于后来在"二战"期间由美军慰问协会经营的夏令营，使他们远离了法国酒吧、妓院和娱乐场所的诱惑。

> 在第一次世界大战中，临时受法国指挥的美国士兵有时会得到定量的葡萄酒和白兰地

用于酿造啤酒的粮食从食品生产中分流，使欧洲的食品短缺越发严重。

酒与盟友

第一次世界大战期间，美国的盟国同样在饮酒问题上遇到了挑战

1915年1月，英国财政大臣、未来的首相大卫·劳埃德·乔治在一次聚会上说，"英国正在和德国人、奥地利人作战，依我所见，我们最大的敌人其实是酒"。在他的领导下，尽量减少"一战"期间英国军队和该国本身的饮酒量，原因是担心醉酒影响战争和生产。国王乔治五世宣布，在战争期间，王室不饮酒。

1914年英国政府通过《保卫王国法》限制饮酒，这一法案禁止在火车上饮酒，并将"邀请"他人饮酒定为犯罪。英国啤酒消费量从1914年的4亿升下降到1918年的1.6亿升左右。不过，朗姆酒配给是英国军队的传统。每周为前线和后方的士兵分配70毫升，战壕里的士兵每天都能分到酒。酒精通常用于治疗弹震症或其他医学用途。

第一次世界大战开始时，法国士兵只能喝水。后来这一情况发生了变化，每名士兵每天能得到半升红酒。如果没有红酒，就用啤酒或苹果酒代替。在特殊的场合，一瓶葡萄酒可以供几名士兵分享。1914年，沙皇尼古拉斯二世禁止生产和销售伏特加，但在整个战争期间，俄罗斯军队仍疯狂酗酒。

▲ 1915年10月，身着苏格兰短裙的新兵在被派遣到军队前举杯庆祝

▲ 美国士兵喝着缴获的德国酒，抽着缴获的德国雪茄，这些雪茄是在凡尔登附近的一条战壕里找出来的

潘兴将军与禁酒令

身在法国的美国远征军司令赞成他的部队戒酒

1917年12月30日,美国远征军驻法指挥官"黑桃杰克"约翰·J.潘兴将军对《纽约时报》说:"尽管我由衷地赞成美国远征军禁酒,但法国和美国的情况并不相同。相对而言,很少有法国人像我们一样喝水,他们喝的是葡萄酒。部分原因是法国的水供应没有我们的纯净。法国葡萄酒比一般人认识中的更清淡而且不容易醉。一个醉酒的法国人确实是罕见的。"

三天后,《瞭望》周刊为读者提供了一个关于美军禁酒的视角。上面写道:"据美联社发来的远征军消息,潘兴将军发布了一道关于我们海外士兵酗酒问题的总命令。在这一命令中,潘兴将军宣布:除淡葡萄酒、啤酒以外,禁止士兵购买或接受威士忌、白兰地、香槟、利口酒或其他酒精饮料作为礼物。而潘兴将军的命令没有停留在禁止饮用烈酒的层面上,它还包含了惩罚酗酒的人,并追究发生醉酒事件的部队指挥官的责任。"

▼ "黑桃杰克"约翰·J.潘兴将军在美国远征军中提倡戒酒

反沙龙联盟敦促国会调查可能与德国有政治关系的酿酒公司

美国人的行为有时会引起法国平民的好奇。1918年,美国记者海伍德·布隆讲述了一队美国士兵为法国东道主唱了几首曲子的故事。"只有一点深深地迷惑了他们,"布隆说,"一首尤其动人的歌曲结束后,队长说,'那些人唱得很好。给他们每人拿杯水来。'村民们都不明白,为什么一个男高音歌唱家得喝一杯又冷又淡的水。"

布隆还讨论了军队无法阻止直接向美国士兵售酒的问题。啤酒是最受盟军士兵欢迎的酒精饮料,布隆认为,啤酒中的酒精含量较低,与大多数葡萄酒一样,不是"我们军队健康的威胁"。他写道,一个士兵更可能在喝醉之前溺死在酒里。

尽管军队和禁酒倡导者做出了种种努力,但美国士兵仍然享受着战时法国和其他欧洲国家的自由和生活。酒精可以暂时让人们逃离战争的困苦、毒气袭击的恐怖及战场上或医院中随时可能出现的死亡。在欧洲文化中,人们认为啤酒和葡萄酒是普通饮品而不是致醉物质,对身处欧洲人中的美国人实施禁酒是徒劳的。战时士兵饮酒是一种最普遍不过的情况,有报道称美国士兵在法国酒吧狂饮,在巴黎街头游荡,甚至在战壕中饮酒。第一次世界大战期间,美国驻外部队的饮酒习惯对禁酒运动影响甚微。

大战对美国禁酒运动的真正影响表现在国内。在第一个士兵登上开往欧洲战场的战舰之前,禁酒主义者们已经准备好了在美国实现他们长期以来追求的酒精非法化的目标。当战争来临时,禁酒主义者有效地将禁酒与反邪恶的军事行动结合起来,宣扬在国内战场战胜邪恶的啤酒、葡萄酒和烈酒3位敌人……但这只持续了几年。

▲ 美国士兵显然没有被禁酒命令所束缚,他们喜欢在基地附近的酒吧里喝酒

伍德罗·威尔逊总统在扩大武装力量方面得到了"禁酒派"议员的支持

▲ 美国官员在基督教青年会的设施里,一边喝着不含酒精的饮料一边畅谈。这是一个很好的例子

▼ 反沙龙联盟的成员在一次集会后合影

通往禁酒的崎岖之路

《第十八修正案》的批准是一个多世纪以来禁酒倡导者反对酒精运动的结果

牧师比利·森迪站在一所拥挤的房子前，怒吼道："酒类交易永远是我的敌人。我已经，而且将继续竭尽全力同那该死的、肮脏的、腐朽的事业做斗争。"

这位魅力四射的传教士是为美国的禁酒运动热心奔走的宗教领袖中最著名的一位。他最著名的一个布道题为"喝酒，或者坐上水车"，他对众人说，"……威士忌和啤酒应当处于合适的位置，那就是地狱"。对于森迪这样的禁酒派来说，没有妥协的余地。酒是魔鬼，应该被判处死刑，他们对酒类生产、销售和消费的无情打击，最终导致美国批准了宪法《第十八修正案》，此前，他们已经对这一可怕的恶行进行了150多年的宣传。

然而，在19世纪和20世纪初，宗教并不是将禁酒运动推向美国政坛前沿的唯一强大力量。社会改革者一直指出醉酒的有害影响。他们说，酗酒正在摧毁一个个家庭，它导致病弱和疾病、暴力、虐待及家庭破裂，这对国家经济造成了压力，因为辛勤工作的纳税人需要为监狱的建设及因酒后犯罪而被监禁的囚犯的生活买单。

实业家支持禁酒，因为他们认为，那些把工资花在买酒上的工人，在经历了一个周末狂饮之后，周一上午不能上班，从而导致生产力下降。此外，争取妇女选举权运动和其他社会活动人士也与禁酒运动达成共识。

诚然，美国人喜欢这种饮料。欧洲殖民者带来了酒，他们延续了饮啤酒、葡萄酒、威士忌和烈性酒的传统。饮酒是日常生活中的一种普遍现象。1790年，正常的美国成年人每年喝5.8加仑的酒。到1810年，这个平均值已经上升到7.1加仑。1830年，15岁以上的美国人每天要喝90瓶酒精含量80%的烈性酒，也就是大约4杯纯酒精。在正常的工作日里，上午11点和下午4点，钟声会响起，提醒工人们把辛苦的工作放在一

▲ 布道者比利·森迪热心地布道，反对酒类的邪恶，并帮助当地实现了禁酒

▲ 1920年，随着禁酒令在美国生效，密歇根州底特律的一位居民在家中非法生产杜松子酒

堪萨斯州是第一个在宪法中禁止酒精的州，1881年通过了这项法律

边，喝烈性酒。一个普通家庭中常常有几桶苹果酒或啤酒，供家庭成员和客人随时饮用。酒类消费无关任何社会或经济阻碍，富人和自给自足的农民一样热衷于饮酒。

从适度饮酒到全面禁酒，禁酒运动一直运用严格的统计数据支持其禁酒的主张。纽约州禁酒协会在19世纪30年代中期出版了一本简易读物，其明确宣称："罗切斯特的塞缪尔·奇普曼先生亲自拜访了纽约州的每一所监狱和贫民院，在得到本人签名同意后（有一两个例外），从官员那里获得了1833年这些监狱和贫民院里的人数、他们的生活习惯和县办事员费用的精确说明。"

该出版物写道，"一言以蔽之，在这片自由的土地上，除了酿酒商和朗姆酒销售商，几乎没有犯罪，没有贫困，也没有税收。"在奇普曼访问纽约时，有24169人被监禁或关在贫民院里。酒精是其中18312人目前状况的元凶。纽约州各县为解决相关费用征收的税款总计超过87.5万美元。这本书的结论是，估计全美有143709人因酗酒而处于某种困境中，超过30万美国人是"酒鬼"。

据信，从1870年到1900年，在欧洲移民拥入美国浪潮的推动下，全国的酒馆数量从10万家增加到30万家，这些酒馆专门为男性服务。这一现象与困扰这个国家的社会弊病紧密相关。在随后的几十年里，禁酒运动的声音变得更加响亮，这预示着禁酒令即将登场。

美国禁酒运动的宗教根源可以追溯到第二次大觉醒，这是一场19世纪中叶美国西进定居和扩张期间，由新教福音牧师推动、席卷山脉和

> 到1916年，美国的23个州实施了某种管制酒类销售和消费的法律

酗酒引发家庭暴力

家庭虐待带来的恐怖使更多倡导者（特别是妇女），赞成禁酒来保护家庭

1847年，作家贾斯汀·爱德华兹出版了一本名为《禁酒手册》的经典禁酒简易读物，一针见血地指出了与酒精有关的家庭虐待问题。书中有一段戏剧性的描述："父亲抓住小孩的腿，把他的头往墙上按，然后，用一个脱靴器猛打他的脑袋。那个人曾经是一个体面的商人，声誉不错，但他喝酒了……"这段时间，禁酒运动也登上了剧场舞台，《酒鬼》《堕落的获救者》《再喝一杯》《酒鬼的厄运》，这些剧目都描绘了因丈夫酒精失控，使他们的家庭陷入不可名状的经济贫困和家暴之中。

家庭暴力问题从一开始就是禁酒运动的中心主题。戒酒倡导者认为，从源头上打击家庭暴力问题可能会给那些被酗酒恶习折磨的妇女和儿童带来一些解脱。他们通过和平抗议和武力方式关闭了酒馆和饮用设施，捣毁了库存的酒。虽然禁酒令的到来一开始可能会使家庭暴力问题有所缓解，但现实却很有可能重演——虽然法律禁止销售和消费酒精，现实却是人们更容易买到酒。

▲ 在这张名为"酒瓶"的图中，男主人喝了一夜酒后在家中失控发疯

▲ 反沙龙联盟领导人韦恩·惠勒主要负责通过政治争论推动禁酒令的实现

草原的宗教狂热浪潮。许多美国人的社会良知被激发出来，人们参与到社会改革的行动中，这些改革的重点是废除奴隶制和禁酒等。查尔斯·格兰迪森·芬尼和莱曼·比彻等传教士告诫参与野营布道会①的人们不要喝酒，他们的布道出版物在全国各城市发行。美国禁酒协会成立于1826年，在12年内其会员人数稳步增加到120多万。内战结束后，随着奴隶制的终结，禁酒运动引起了更大的关注。

1873年的平安夜，伊丽莎·汤普森在俄亥俄州希尔斯伯勒市组织了一个妇女团体，她们遍访了镇上的13家酒馆，跪在雪地里祈祷、唱圣歌，请求酒馆歇业。9天之内，她们就完成了自己的目标。妇女基督教戒酒联盟诞生，其目的是消除饮酒，而不是简单地减少饮酒。与此同时，禁酒运动进入了"进步时代"的政治议程。历史上的这一时期，美国的公民开始意识到不只是酒精，还有工业化的高速发展、城市化、日益扩大的贫富差距所造成的问题，都困扰着这个年轻的国家。在充满活力的领导人莎拉·安妮·特纳·维滕迈尔和弗朗西斯·威拉德的领导下，妇女基督教戒酒联盟成为美国政坛的一支力量，其成员人数超过了100万。这一组织在公立学校推行了禁酒计划。

戒酒联盟成员意识到，得到选举权可以扩大妇女的政治影响力，妇女基督教戒酒联盟的成员加入了妇女参政权运动。到19世纪末，随着家庭暴力、犯罪活动及过度消费带来的健康问题以惊人的速度增加，美国各地普遍存在酗酒现象。1900年至1909年，纽约市每年平均有526人的死和酒精有关。在禁酒前的十年里，酒精中毒和肝硬化的死亡率在美国达到了顶峰。

禁酒运动的动机深深植根于福音派的新教教会，在美国，这项运动从提倡减少饮酒发展到杜绝饮酒。

禁酒运动在19世纪末遍及美国，但如果没有在俄亥俄州欧柏林成立的激进反沙龙联盟领导人韦恩·惠勒的努力，禁酒运动肯定达不到推动宪法修正案和禁酒令到来所需的程度。反沙龙联盟由霍华德·海德·罗素于1893年建立于俄亥俄州的欧柏林，这位律师听从上帝的旨意，转而投身于更高

> 在1916年选举之前，反沙龙联盟在2010年花费了折合5000万美元的巨资支持对自己有利的政治家参与竞选

---

① 野营布道会，第二次大觉醒期间，西部地区传教士为了贴近群众创造的大众化布道形式。由于西部移民居住分散，方圆百里之内未必有正规教堂，所以布道只能在野地里临时搭建的帐篷中进行，往往能吸引周围几十甚至上百里地的移民赶来参加。

尚的禁酒事业。24岁时，惠勒在欧柏林的一个教会参加了罗素的戒酒布道，他的生活由此改变。不久，惠勒从欧柏林学院毕业，他曾做过看门人、推销员和教师来支付他的教育费用。他找到罗素，和他一起祈祷，并成了反沙龙联盟的一名早期雇员。

在惠勒的领导下，禁酒运动有了一定的凝聚力。尽管此前有数百万人签署了禁酒承诺并加入了一个个支持这一努力的组织，但由于缺乏凝聚力，这些组织一直停滞不前。在威拉德的领导下，妇女基督教戒酒联盟，除禁酒外，还倡导解决妇女的投票权和社会改革等其他问题，而新成立的、今天仍然存在的禁酒党曾参与过其他政府问题，例如森林保护和国家邮政服务的运作。与

▲ 反沙龙联盟的韦恩·惠勒参观基督教妇女戒酒联盟总部（最右边为韦恩·惠勒）

反沙龙联盟主张在各州推行废除生产和销售酒类的法律,然后要求修改美国宪法。

此形成鲜明对比的是,罗素和惠勒的团队只专注于一个目标,即在美国禁止销售、制造、运输和消费酒精饮料。

可以说,压力政治理论是由惠勒发明的,他还创造了"压力集团"一词,因为他对地方、州、国家各级的政治家和立法者施压,迫使他们推行他的计划。禁酒立法并不是什么新鲜事。19世纪初以来,各州和直辖市颁布了许多这样的法律。但是,这些措施的范围、处罚的严厉程度、执行的能力及其法律效力各不相同。因此,惠勒寻求了一个明确的解决办法,以克服禁酒令相关立法的脆弱性。起初,反沙龙联盟主张在各州推行禁止酒类生产和销售的反酒精法,然后要求修改美国宪法,最终使禁止酒类消费成为国家法律。

身高仅有5英尺7英寸的韦恩·惠勒是禁酒时代的巨人。作为一个全身心投入的狂热分子,他在克利夫兰的一个律师事务所做文员,不知疲

▲ 当其他州政府官员还在观望时,印第安纳州州长詹姆斯·P. 古德里奇已经签署了一项禁酒令之前的全州"禁酒法"

① 1英尺≈12英寸≈0.3米。

▲ 第二次大觉醒时，野营布道会上，传教士们强烈反对饮酒

倦地骑着自行车从俄亥俄州的一个小镇到另一个小镇。1898年，他获得了西储大学法学院的学位，并成为该州反沙龙联盟法律部门的负责人。他发起了电报运动，敦促普通公民发电报给他们的众议员，并投票赞成禁酒措施。他发表了无数次演讲，招募了数百人加入反沙龙联盟事业。他把自己的努力称为"穿着靴子的请愿"，并被其一位大学同学形容为"穿着裤子的火车头"。

惠勒的方法非常成功，以至于获得反沙龙联盟支持的政治候选人很快就控制了俄亥俄州的立法机构。在一次选举中，惠勒的政治机器①打败了70名现任立法者，并在他们争取连任的过程中击败了每一位立法者。当共和党州长梅隆·赫里克签署了一项修正法案，允许地方政府决定其管辖范围是"湿派"还是"干派"，并非必须采取最初的强硬态度时，惠勒紧追不舍，把这位有权势的政治家击败了。

在反沙龙联盟获胜后，惠勒吹嘘道，"任何政党都不会再忽视教会和国家的道德力量"。惠勒在全国范围内采取了压力策略，并在1913年影响了个人所得税累进制度，有望取代酒业产生的政府税收。反沙龙联盟承认，"反对国

苏珊·安东尼说："反沙龙联盟成功的唯一希望在于把选票交到女性手中"

---

① 政治机器，一种互惠互利的政治团体，团体为候选人争取选票，候选人维护该团体或其支持者的政治利益。这一团体的实力取决于该团体为其候选人争取选票的能力。

数字中的禁酒令

至少在一开始，禁酒确实对一些社会弊病产生了积极的影响

禁酒令只存在了13年，最终应民众的请求落幕。这一实验的成功究竟与否，人们仍莫衷一是。然而，统计数字表明，禁酒令至少初步改变了现状。例如，在1916年至1922年期间，因公众酗酒和行为不检而被捕的人数下降了50%，同期酒精饮料的总消费量从50%下降到30%。肝硬化是酒精中毒引起的一种常见疾病，其死亡人数从1911年每10万人中的29.5人下降到1929年的10.7人，而公立精神病院因酒精引起的心理疾病入院人数从1919年每10万人中的10.1人下降到1928年的4.7人。在禁酒期间，包括谋杀在内的暴力犯罪率几乎保持稳定——尽管发生了许多引人注目的谋杀案，如情人节大屠杀。随着时代的发展，通过非法走私、国内非法生产及地下酒吧或地下商贩等秘密渠道销售酒类变得更加容易，这对实现禁酒令运动来之不易的成果构成了新的挑战。

▲ 政府官员查看情人节大屠杀遇难者的尸体。总的来说，在禁酒期间凶杀率并没有上升

家禁酒令的主要呼声是政府必须要有收入"。随着这一问题的解决，反沙龙联盟的主要焦点变成了"通过宪法修正案获得国家禁酒令……这是下一步也是最后一步"。

韦恩·惠勒随后成为美国最主要的禁酒使徒。从俄亥俄州前往华盛顿特区的反沙龙联盟总部时，他大胆地说："我们将投票反对所有不支持我们法案的在任人员。我们将投票给那些许诺支持我们的候选人。我们正在教导这些骗子，违背他们的承诺比背弃他们的老板后果更加严重，总有一天，他们会知道，在美国各地，我们都将实行禁酒令。"

> 内布拉斯加州是第36个批准《第十八修正案》的州。众议院以96票对0票赞成

很快，惠勒就成了美国最强大的政治力量之一，他的选区虽占少数，却可以提供必要的摇摆票，这足以左右候选人成败。《纽约世界晚报》评论说，惠勒是"美国参议院坐下来讨好的立法霸主"。与此同时，女权运动及苏珊·安东尼等领导人的联盟阵线扩大到支持纳税人士、社会改革者、工会，甚至南部种族主义者三K党人——他们试图剥夺非裔美国人的投票权，剥夺他们喝酒的权利。

禁酒令的行动无情地向前推进。1914年，国会通过了一项禁酒令修正案，但投票结果惊人的接近，197票对190票。1916年的选举证明了这一转折点。伍德罗·威尔逊再次当选总统，"干派"以多数胜选国会两院，几周内，得克萨斯州参议员莫里斯·谢泼德提出了一项决议，后来成了《第十八修正案》的基础。它在1917年底获得了两院的通过。美国此时已经参加了第一次世界大战，这一点刚好符合反沙龙联盟的利益。该组织利用战争的紧迫性实现自己的目的，它也曾这样利用过宗教、家庭暴力和种族问题。

1919年年初，赞成禁酒令的宪法修正案在国会通过仅仅13个月后，36个州批准了《第十八修正案》。通往禁酒令的漫长征程已经结束，一条充满动荡的新道路却在前方隐现，并将迎来出人意料的发展。

▲ 在批准《第十八修正案》之前，妇女参政党领袖苏珊·安东尼与禁酒运动站在同一阵线上

美国颁布禁酒令

- 63　滴滴香醇,意犹未尽
- 73　稀少的生产线
- 83　地下酒吧现象
- 94　禁酒令、走私与朗姆酒私酿者
- 105　聚会继续进行
- 110　真正的大西洋帝国

▲ 在这幅阿基尔·贝尔特拉姆的画中，人们在为一瓶威士忌举行模拟葬礼，狂欢者们正在哀叹禁酒令的到来

滴滴香醇，
意犹未尽

经过了多年的斗争，《第十八修正案》正式颁布，使禁酒令成为国家法律，这开启了一个根本性变革的时代

尽管顶着被威胁的重重压力，但在这片土地上仍有一片抗议声。对一些人来说，喝酒是生活的一部分，已经融入了他们正常的社交活动。对其他人来说，这是一种简单的快乐——甚至是开国元勋在《独立宣言》中提到的不可剥夺的权利之一。1920年1月17日上午12时01分，这一基本的自由被大幅度削减，在多种情况下被宣布为非法。在经历了几十年的政治、道德和社会斗争之后，禁酒时代终于到来了，美国最后"饮酒的日子"很快就结束了，因为大庭广众之下不可能再合法销售、分发和运输"酒精饮品"。1917年8月19日，美国参议院以65票对20票通过了美国宪法《第十八修正案》提案。12月，众议院以282票对128票紧随其后。3/4的州投票通过，修正案才能成为国家法律，密西西比州于1918年1月18日开始了进程。一年后，内布拉斯加州成为48个州中批准《第十八修正案》的第36个州，随后国家法律的生效日期也很快确定。

修正案与法律

禁酒令通过宪法修正案而非简单的法律而成为美国法律，以图一劳永逸

美国宪法《第十八修正案》的通过，使得禁酒令进入美国宪法。自1919年国会通过该修正案，并由各州批准以来，人们一直不理解为什么一定要修改宪法，而不采取通过法律的标准程序，这主要与宪法本身的定义有关。该文件包含一份"列举权力"清单，具体属于联邦政府的职权范围。换言之，如果某项立法要成为联邦法律，对《宪法》定义的狭义解释要求主体立法直接与所列举的权力有关。在1787年宪法批准后的几十年里，美国最高法院在此基础上废除法律或驳回总统决定的现象并不罕见。在禁酒令方面，最高法院尚未扩大对《宪法》第1条第8款所载"商业条款"的解释。尽管《州际贸易条例》是列举的权力之一，但对这些权力的限制却经常引发争议。因此，那些赞成禁酒令的人会寻求用宪法修正案来支持他们的主张，而不是简单地通过一项可能会被最高法院推翻的法律。虽然许多州和城市都已经有禁酒令相关的法律，但宪法修正案被误认为效力更加长久。然而，《第十八修正案》仅持续了13年就被废除了。

▲ 关于废除《第十八修正案》的讨论在其被批准后不久就开始了。这离不开图中这一男一女的支持

1919年10月28日，尽管伍德罗·威尔逊总统投了否决票，国会还是通过了《国家禁酒法》，并授权实施《第十八修正案》。威尔逊之所以行使否决权，是因为其中包含了美国参与第一次世界大战时已经颁布的有关限制饮酒的语句。然而，众议院当天和参议院第二天都推翻了否决权。明尼苏达州共和党国会众议员、众议院司法委员会主席安德鲁·沃尔斯特德在国会发起了这项提案，后来又被称为《沃尔斯特德法案》。这项立法实际上是由反沙龙联盟的激进领导人韦恩·惠勒起草的，他推进禁酒事业的激进方法实际上随着《第十八修正案》的成功通过而达到高潮。惠勒采取强制措施获得了州和联邦两级立法者的支持，并在这一时期成为美国最有权势的人之一。惠勒的巨大影响力使得他的支持足以左右选举的胜负。作为国会大厅里反沙龙联盟的首席说客，他还组建了一个包括妇女选举权推动者和三K党成员等不同派别的联盟。

他利用第一次世界大战的灾难来推进他的议程，同时也主张批准逐步征收个人所得税，以取代禁酒令生效时联邦政府将失去的收入。《沃尔斯特德法案》使《第十八修正案》的意图得以实现。修正案本身没有为违法者提供具体的刑罚，也没有定义"醉酒"一词，它让各州及联邦政府有权自行采取适当的立法来执行这项提案。因此，《沃尔斯特德法案》确立了违反禁酒令修正案的刑罚，并明确规定了什么是"致醉液体"。该法案明确规定，对那些因酒精引起的相关违法行为被定罪的人的处罚包括1000美元或更多的罚款，以及长期监禁。它还表明，致醉液体是指含有超过0.5%酒精的饮料。该法包括三项基本规定：第一，禁止致醉液体；第二，规范致醉液体的生产、销售和运输；第三，保证充足的酒精供

▲ 明尼苏达州共和党国会议员安德鲁·沃尔斯特德支持将《国家禁酒法》变成法律，这项举措以他的名字命名

应，促进其在科学研究及燃料、染料等合法行业和仪式（比如宗教仪式）中的使用。《沃尔斯特德法案》没有禁止消费酒精。除了宗教仪式用途的豁免外，它还允许酒精用于医生开处方、药剂师配药等医疗目的，家庭也可以利用酒精发酵保存水果。

《沃尔斯特德法案》将联邦执法责任交给了财政部下属的国税局，国税局局长在全国范围内设立了禁酒令部门，一共仅有1500名探员，每个州大约有30人。同时，这些特工往往是政治任命人员或亲信，不需要接受任何执法培训或通过公务员考试。在取得了一些显著的成就后，禁酒令很快变成一纸空文。而这一切都发生在1920年1月16日，正如美国人所知，时钟在生命的

> 在一年内，内华达州的9万名居民获得了1万种药用酒精的处方

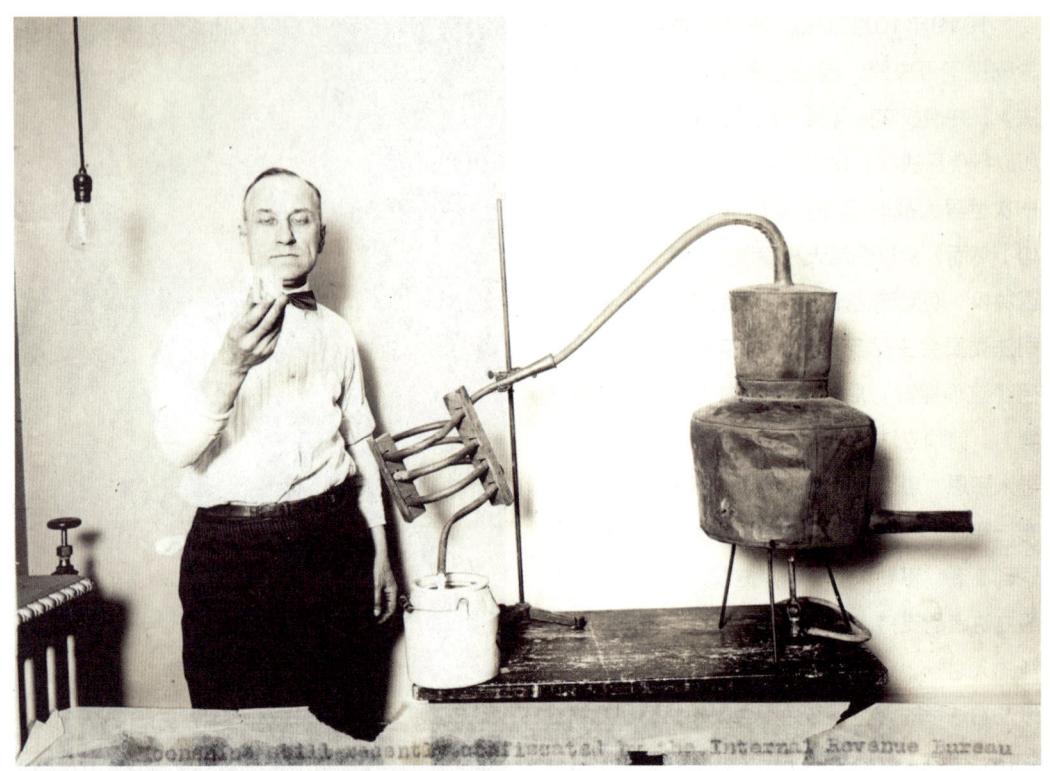

▲ 一名政府官员检查了一个装有私酒的玻璃瓶,这个玻璃瓶是在最近一次禁酒突击检查中被没收的

尽头滴答作响。当天,马拉的货车在美国城市的街道上嘎嘎作响,在经销商关门或找到其他方法维持生意之前,这是他们最后一次运送瓶装啤酒和白酒。重型卡车隆隆地沿路行驶,这是最后一批合法运输和出售的酒品。全国各地都有聚会,酒杯叮当作响。"哀悼者们"跟随装有酒瓶的"小棺材"前往"安息地",举行了一场"模拟葬礼"。门廊、街角和小巷里堆满了板条箱和盒子,里面的"准违禁物"都被清空了。到处都充斥着叹息声。内政部长富兰克林·莱恩抱怨道:"整个世界都是扭曲的、颠倒的、变形的……爱因斯坦宣布万有引力定律已经过时了,已经腐朽了。"酒会,是在烦扰的世界里给予人们安慰的朋友,现在被关闭了;一切都像在地狱里跳舞一样快乐!《旧金山纪事报》报道说,两周前的最后一个除夕夜,人们在各种秘密场所用最好的藏酒庆祝,其中包括"……酒窖、俱乐部储物柜、银行金库、保险箱……"有一段时间,酒的价格

它明确规定,对那些因酒精引起的相关违法行为而被定罪的人的处罚包括 1000 美元或更多的罚款,及长期监禁。

飞涨，一瓶上好的威士忌售价高达20美元甚至30美元，但随着时间的流逝，一家激进的纽约市酒类商店从人行道上的柳条篮中拿出了最后的威士忌，挂出的招牌上写着"每瓶1美元"。几年前，作家马克·吐温就观察禁酒运动，并宣称："禁酒只会把醉酒带到门后和黑暗的地方，并不能消除它。"从这个情况看，吐温的观点是很有远见的。在禁酒令出台之前，《第十八修正案》还未生效，一个"地下"的美国已初见端倪。加拿大威士忌被运到美国边境，藏在森林和山洞里，后来成了秘密黑市商人的藏货，然后在非法经营的"地下酒吧"里出售，它像杂草一样在全国各地发芽，即使是最勤奋的园丁也无法铲除。

禁酒令并没有像它的支持者所希望的那样，结束消费和滥用酒精的现象，相反，禁酒令迫使人们闭门饮酒，实际上造成了大批美国人触犯法律。走私者要么将货物走私到国内，要么在地下室和浴室里建造临时酿酒厂，要么开始秘密经营非法蒸馏器。此外，禁酒令打开了潘多拉魔盒，造成了有组织犯罪的现象，"地下酒吧"蓬勃发展。当时，纽约市约有10万间酒吧营业。与此同时，黑帮组织瞄准大城市甚至农村地区，将其划分为购买非法酒品及走私酒品的区域，在这样精心分析的基础上，将自己贮藏的好酒出售给急需的买家。虽然暴徒用新发现的渠

> 第一次世界大战期间，禁酒主义者利用酿造业的德裔美国人的根源做宣传

▲ 一名警察看守着即将存放在政府地窖里的成箱非法酒品

道赚了数百万美元,但不可避免的暴力事件——谋杀和混乱——随之出现在大街小巷。腐败猖獗,执法人员和公职人员在满足自己对酒品需求的同时,收受贿赂并对走私视而不见。芝加哥警察局局长查尔斯·菲茨莫利斯评论说,他的警察中有60%实际以某种方式参与走私活动,要么拿着封口费,要么积极参与非法酒精的运输和销售。芝加哥的犯罪头目艾尔·卡彭以"罗宾汉"的形象而闻名,他自称只是一个商人,为公众提供了一种需求量很大的产品。禁酒令施行不到一小时,第一个与之相关的有记载的犯罪便发生了。1920年1月17日上午12时59分,芝加哥警方报告说,6名男子挥舞着武器,偷走了两辆满载医用威士忌的货运火车车厢。他们说,这起抢劫案共收缴了价值约10万美元的非法酒品。

> 还有几分钟,反沙龙联盟宣布,"午夜一过……一个新的国家即将诞生"

这些犯罪组织的成员及那些愿意冒着被捕、受审和入狱风险赚钱的人,也从事秘密制造酒类的活动。这种酒品质量不一,甚至有可能威胁饮用者的身体健康。数百万加仑的变性工业酒精,再在其中掺入有毒的木醇酒精,按照政府的标准,这种酒精不适合饮用,但仍然被盗,犯罪组织的成员将其与其他物质混合或用水稀释,以减少难闻的气味或掩盖糟糕的口感,然后卖给不知情的消费者。摄入这种受污染的劣酒达到一定量,可能会导致失明、神经损伤,甚至死亡。《文学文摘》在1920年1月报道说,数百人喝了假酒后失明,康涅狄格州哈特福德市则有57人因此死亡。《沃尔斯特德法案》的法律漏洞从一开始就被充分利用。数千名所谓的"福音牧师"申请了豁免,以进行需要葡萄酒或烈酒的宗

戴绿帽子的人

乔治·L. 卡西迪在禁酒期间为饥渴的国会议员提供酒品

1930年被捕时,乔治·L. 卡西迪拥有6瓶杜松子酒。个体走私犯被捕并不少见,但卡西迪还藏有一份客户名单,上面有几十个参议员和众议员的姓名,这些人都是禁酒期间卡西迪的常客。实际上,一名在参议院文具办公室监视卡西迪的政府特工在国会上逮捕了卡西迪,这名特工受副总统查尔斯·柯蒂斯之命监视"戴绿帽子的人"。在卡西迪被捕之前,他每天在众议院办公大楼里非法销售,多达25次。1925年,他被捕时,他正带着6夸脱威士忌给一名众议员送货,当时他戴着一顶淡绿色的帽子,因此得名"戴绿帽子的人",并一直沿用至今。在众议院大楼被捕后,卡西迪只是转战到了附近的参议院大楼,并活跃了一段时间。他因违反禁酒令受到审判并被判处一年监禁,后来他声称,在从事非法交易过程中,他为80%的国会议员提供了酒品。

▲ 乔治·L. 卡西迪在禁酒时代为许多美国国会议员提供酒品

▲ 非法啤酒酿造者，其中一个手持霰弹枪，站在藏匿于树林里的设备旁

教仪式。到1920年秋天，美国农村地区兴起了家庭酿酒业，人们利用了《沃尔斯特德法案》第29条，该条规定："一个家庭的户主只要登记注册，就可以生产200加仑的葡萄酒专门供家庭使用，而且不必缴纳任何税款。"勤快的家庭每天可以合法生产近3瓶葡萄酒，每年近1000瓶葡萄酒，无须承担任何税务责任。

随着私售自制葡萄酒的流行，人们的酒精消费量实际上超过了施行禁酒令前的水平。葡萄种植者用压榨和脱水的水果制成压缩块或饼，作为果汁的主要原料出售；然而，很明显，这些压缩块是用来自制葡萄酒的。一家水果公司为避免触犯法律增加了相应的说明。它的标签上写着："把压缩块溶解在一加仑水里后，不要把这些液体放在罐子里存储超过20天，因为这样它就会变成酒。"根据《沃尔斯特德法案》第7条，医生们是允许为病人开酒作为药，以寻求适当的治疗的。一位医生说："我认为，该病人使用这种酒

禁酒令施行不到一小时，第一个与之相关的有记载的犯罪便发生了。

▲ 虽然货架上的食品琳琅满目,但在这家20世纪20年代拍摄的商店里找不到任何酒类

在1919年的国会记录中,执行《第十八修正案》的《沃尔斯特德法案》是单行本

▲ 1920年,一群人聚集在华盛顿特区的一条街道上观看一桶桶被没收的啤酒被倒出

作为药物是必要的,并能使他从某种已知的疾病中解脱出来。"然而,美国医学会早在1917年就发表了观点,他们认为酒精在医学治疗中并没有科学价值,应该阻止酒精的使用。尽管如此,这种古老的习俗在禁酒令颁布后依然存在,而两年后的美国医学会却认可酒精是一种可治疗多种疾病的药物,这也足以证明禁酒令的虚伪性。

医生们被要求向美国财政部申请许可证,通常是为了治疗感冒、流感和各种无法确诊的疾病,这些疾病为人们从当地药店获得威士忌提供了借口。这种事对医生和药剂师来说都相当有利可图。医生可以合法地为每个病人每10天开1品脱的酒。作为他们"诊断"的交换,病人付给医生3美元。药剂师随后向病人收取3美元的处方费。尽管围绕酒的非法活动激增,但早期的禁酒令似乎起了作用。统计数据显示,20世纪20年代,酒类消费总量减少了一半,在接下来的20年里,酒类消费水平一直低于禁酒前。酒精相关类疾病(如肝硬化)的发病率在禁酒初期下降了整整50%,但在1933年禁酒令被废除后又急剧上升。更具讽刺意味的是,正是禁酒令的意外结果,最终为这项"高尚实验"画上了句号。犯罪组织的兴起、困扰美国城市的暴力和腐败和大萧条的爆发,共同催生了增加联邦和各州税收的需求和人们对啤酒和白酒的不断需求,最终导致了未来支持禁酒令人数的减少。

然而,从一开始,禁酒令就改变了美国的文化和社会,它催生了爵士乐时代,妇女和少数民族因此参与了之前不被允许的社会活动。20世纪20年代,处于禁酒状态下的美国开始繁荣起来。

联邦探员卡彭

实际上,卡彭兄弟中的一个在中西部做联邦探员,另一个则在黑社会犯罪中发了财

詹姆斯·文琴佐·卡彭改名理查德·约瑟夫·哈特有两个原因。第一个是显而易见的,他想与他的弟弟艾尔·卡彭的活动保持距离,后者在禁酒时代是一个臭名昭著的黑帮分子,因为詹姆斯实际上是一名联邦探员,在内布拉斯加州和其他中西部州的印第安事务部工作。其次,他还喜欢无声电影牛仔演员威廉·S.哈特的电影。在禁酒令进入联邦法令之前,詹姆斯是内布拉斯加州荷马村的治安官。他喜欢穿着西部边疆的服装,带着一把左轮手枪,这使他获得了"双枪哈特"的绰号。詹姆斯是卡彭六兄弟中最年长的一个,当时是一名调查走私活动的特别探员。1922年,他在爱荷华州苏城枪杀了一名涉嫌违法者后,被指控过失杀人,但最终被判无罪。后来在荷马村再次担任警长期间,他因涉嫌参与非法活动而被剥夺了警徽。到1940年,他与弟弟艾尔在佛罗里达州迈阿密重聚,并从声名狼藉的家人们那里得到了经济援助。

▼ 詹姆斯·文琴佐·卡彭改名为理查德·约瑟夫·哈特,在禁酒期间担任政府特工

▲ 1921年，纽约市警察局副局长约翰·A. 利奇在一次突袭后观看禁酒探员将非法酒倒入下水道

稀少的生产线

由于工作人员少，又饱受腐败之苦，禁酒探员难以执行《第十八修正案》

禁酒法一通过，就有人违反。在禁酒令生效的第一个小时内，芝加哥警方报告说，6名武装人员从一列货运列车上偷走了价值10万美元的"药用"威士忌。大约在同一时间，另一个团伙从政府仓库偷走了4桶粮食酒。第三伙人劫持了一辆运酒的卡车。这只是一场席卷美国的犯罪浪潮的开始，酒类进入地下，催生了一个由持枪歹徒统治的黑市。禁酒探员的任务是维护《第十八修正案》。然而，尽管他们早期取得了进展，并被赋予了更强硬的权力来对付日益增长的黑社会犯罪，但他们注定要失败。

考虑到禁酒令最终遭到的强烈抵制，许多拥护者认为这项崇高的实验不需要太多的强制执行，这可以说是一种讽刺。一开始人们会有些不情愿，但狂热的戒酒者相信，每个美国人都会体验到清醒生活的好处。最终，即使是顽固不化的酒鬼也会戒掉恶习，私贩继续兜售"恶魔饮料"的动机也不复存在。

尽管如此，国会还是在1919年通过了《国家禁酒法》，该法填补了《第十八修正案》缺少的所有细节。另一个名字《沃尔斯特德法案》更加广为人知，它来源于该法案推动者明尼苏达州众议员安德鲁·J.沃尔斯特德，该法案遭到了寻求全面禁酒的"干派"和寻求让步的"湿派"的强烈抗议。最终的结果是不完美的，但它涵盖了许多关键点。

首先，《沃尔斯特德法案》禁止酒精含量超过0.5%的饮料。出售用于酿造或蒸馏的设备也被认定为违反法律。制作酒精的食谱和配方也被禁止，这给公共图书馆带来了真正的窘境。然而，法律存在漏洞，高度酒精可用于医疗、宗教或工业用途，但需要特殊许可。为了进一步防止人们被诱惑喝这种高强度的酒精，制造商不得不"使酒精变性"。也就是说，在可能的情况下，使之与至少一种有毒物质混合，使其不能饮用。

但至关重要的是，无论是《第十八修正案》还是《沃尔斯特德法案》，实际上都没有明确禁止购买或消费酒品。如果你被发现喝了一种致醉饮料，你不会犯法。如果你是在一家地下酒吧里被发现这样做的，就可能会被指控出入非法场所。但执法的重点是抓获那些生产非法烈性蒸馏酒（被称为"非法酿酒者"）的人、将这些酒从国外走私到美国的人（"朗姆酒贩子"），以及出售酒的"私酒贩子"。

为了抓住这些人，《沃尔斯特德法案》要求财政部下属的税务局带头执法。虽然税务人员对付走私犯听起来很奇怪，但实际上早在禁酒之前，国税局就雇用税务人员来追查非法酿酒者和其他逃避酒税的人。在禁酒令颁布的早期，立法者认为《沃尔斯特德法案》延续了这一举措的逻辑。

尽管如此，国税局也不得不成立一个新的部门来管理禁酒令的执行。禁酒部门的总部设在华盛顿特区，在全国各地设有办事处。第一个管理这个国家特别工作组的禁酒专员是约翰·F.克莱默。据说，克莱默虽是俄亥俄州的律师和前州议员，但他从未在执法部门工作过。然而，他是一个著名的福音派路德教会和主日学校教师。这对反沙龙联盟来说已经足够了，他们相当支持克莱默就任这一职位。

克莱默领导了9名助理专员的工作，他们每人管理的辖区由两个或两个以上的州组成。在这些辖区内，每个州都有一名主任和一名工作人员负责办公室工作。真正上街的工作落在了联邦禁酒探员的身上，他们通常被称为"普罗西斯"（"pro-hees"）、"干派间谍"或"税务人员"。他们被分配到各个地区，负责收集违反《沃尔斯特德法案》的证据，并逮捕相关嫌疑人。

> 1916年至1922年，因公开酗酒和扰乱治安而被捕的人数下降了50%

我们得到搜查令，进去逮捕他们，又叫了卡车把里面的东西搬走。除了壁纸什么都别留下。

在全国范围内捍卫"干法"，需要付出巨大的努力：禁酒探员必须对该国19300英里①长的海岸线及加拿大和墨西哥间近6300英里长的边境线进行警戒。除了抓获生产非法酒的罪犯外，特工还必须监控每年生产的6.435亿升合法工业酒精、药用威士忌和圣酒。

尽管如此，美国政府最初只为1500名探员提供资金。1921年初，只有不到300名探员被派往纽约，这个州不仅是这个国家最大城市的所在地，而且还有许多反对禁酒的城镇、国际边境和许多繁忙的港口。即使当卡彭被宣布为头号公敌，手下有1000个流氓时，芝加哥也只能支付300名禁酒探员的工资。即使是人口稀少的地区，情况也不容乐观，因为特工必须覆盖广阔的地理区域。1926年，太平洋西北区只有50名特工，在俄勒冈州、华盛顿州和阿拉斯加州辖区内巡逻207多万平方千米的地域。西雅图办公室只有一辆车，所以探员们——很少有人能买得起自己的车——不得不从朋友那里借一辆，或者坐出租车甚至搭便车。

当地警察为特工提供后援，但总的来说，48个州也不准备承担财政负担。可用的运营资金也同样不足——联邦政府和各州在1923年总共花了不到50万美元执行禁酒令。

在禁酒初期，禁酒派特工倾向于进行引人注目的突袭。探员们查获了装满威士忌的仓库，捣毁了蒸馏器，打碎了无数瓶酒，用斧头砸开啤酒桶，把里面的酒倒进下水道。记者们也经常应邀前来拍照。由此引起的媒体关注使许多特工成为名人。乔装大师伊兹和莫伊是最有名的特工，其他人也在小报上获得了骇人听闻的绰号：戈扎勒斯是"得克萨斯州的独狼"，威廉·R.赫维是"科科莫校长"，在加拿大边境工作的塞

---

① 1英里≈1.609千米。

霍奇·亨特夫人

黛西·辛普森让葡萄酒乡间酒商不寒而栗

禁酒部门只雇用了少数女性探员，她们通常被分配到办公室工作。然而，黛西·辛普森曾是旧金山警察道德小组的一员，在旧金山红灯区巡逻的经历使她非常适合野外工作。

事实上，辛普森的性别使她比男同事更有优势。普罗希斯搜查女性走私犯认为是不合适的，甚至在有些州是非法的，而辛普森可以搜查这些用身体运送非法酒品的女走私犯。

媒体将辛普森称为"霍奇·亨特夫人"，她随后又引来许多目光。据《苏托约姆弯刀报》报道，在1925年2月的20天时间里，她单枪匹马地完成了8次逮捕，"没收了1万瓶啤酒、60箱杜松子酒、12箱苏格兰威士忌及大量葡萄酒和其他酒"。随着自己的职权范围延伸到北加州，她还领导了纳帕谷和周边葡萄酒之乡的突袭行动。她曾参与一次行动，这次行动导致38187升的战前葡萄酒被倒进著名的弗雷兄弟酒厂的下水道。

与伊兹和莫伊一样，辛普森也使用化名和职业伪装——从女巫到女主妇，试图在餐馆、酒店和地下酒吧里查到酒。她也采取过装病的手段，有一次，她假装晕倒在一家疑似酒吧的店前，然后逮捕试图用威士忌使她苏醒的酒吧工作人员。

然而，尽管辛普森经常扮演虚弱的角色来解除嫌疑犯的戒备，但她自己却远非如此。这位特工总是带着枪，多次在寡不敌众的情况下逮捕了多名嫌疑人。

▲ 辛普森禁酒部门证件，1921年9月6日签发

伊兹和莫伊

这对充满活力的二人组喜欢伪装，常常一早上就能抓捕到20—30名走私犯

伊莎多尔·"伊兹"·爱因斯坦和莫伊·史密斯是最成功的两位禁酒特工，他们以95%的定罪率逮捕了4953人，没收了高达1900万升的烈酒，价值1500万美元。然而，你永远不会怀疑他们是特工，这是他们成功的秘诀。

身材矮小、超重、中年人，他们不讨人喜欢的外表会让很多人认为他们不会造成威胁。伊兹平易近人的魅力也促使人们把他当作知己。事实上，他不止一次戴着联邦警徽走到一家地下酒吧前问："你想把一品脱威士忌卖给一个值得犒劳的禁酒特工吗？"看门人总愿意让他们进来，以为他是在开玩笑。

然而，两人并不总是那么直接。他们还乔装打扮，开着运煤马车穿过纽约上东区，在布朗克斯区卖水果，在布鲁克林卖冰，以进入非法酒吧。他们还假扮成音乐家、工人、医生——穿着长长的白大褂——甚至是女性。

这些古怪的探员很快就吸引了媒体的注意，他们在抓捕了走私犯后高兴地摆出姿势留下纪念照片。然而他们迅速扩大的名声有一个弊端。地下酒吧的人开始把他们的照片钉在墙上，警告工作人员不要接待这两个人。虽然这并没有打乱这对搭档——他们只是在服装上下了一番功夫——但他们在华盛顿特区的上司并不喜欢这一点。1925年11月，伊兹和莫伊被解雇了。"公职人员必须行为得体。"一位禁酒令执法部门的官员解释说，"伊兹和莫伊属于杂耍舞台。"

▲ 1924年伊兹和莫伊突袭蒸馏室

缪尔·库兹曼是"北方的瘟疫"。埃尔·"壁纸"·沃尔夫是"铁面无私"小队的成员，"壁纸"的绰号来源于其突袭行动的彻底性："我们得到搜查令，进去逮捕他们，又叫了卡车把里面的东西搬走。除了壁纸什么都别留下。"

全国各地有数千起这样的事件。然而，虽然这种免费的宣传有助于树立权威，但突袭行动实际上表明了禁酒部门人手的不足。由于无法逮捕所有的走私犯，普罗希斯不得不慎重选择他们的目标。一般来说，特工大多在大城市工作，因此城市非法团伙是他们的首要目标，小城镇的走私团伙几乎被完全忽视了。就算遭到突袭，他们也会在当局离开后立即恢复营业。

很明显，戒酒的黄金时代并不像乐观主义者所希望的那样接近黎明，于是政府加强了执法力度。从1920年到1930年，禁酒机构的预算增加了5倍。对《沃尔斯特德法案》违反者的惩罚力度加大了。1925年至1926年，美国纽约南区律师埃默里·巴克纳领导了"挂锁"行动。许多地下酒吧遭到突袭后只是重新进货开张，然而"挂锁"是一种法律行动，可以用来暂时或永久关闭一家企业。更重要的是，"挂锁"行动也适用于

一些简单的事由,比如造成"公众骚扰",因此,禁酒特工不必费尽心思地证明非法酒是在现场生产或销售的。作为突袭时代的特殊现象,受到禁酒令打击的房产将被彻底封锁。13个月内,巴克纳在纽约市封锁了500多个地下酒吧。然而这一行动并没有产生太大的影响,许多走私犯只是把他们的行动转移到不同的地方。然而,它确实减少了高级地下酒吧的数量。由于面临被封锁的威胁,于是酒吧老板就把精力集中在快速盈利上,而不是像以前那样用华丽的装饰吸引富有的顾客。

1929年,《琼斯法案》通过。绰号为"五加十",允许法官对违反《沃尔斯特德法案》的人,判处最高10000美元的罚款和/或最高5年的监禁。这一更严厉的处罚条例允许执法部门将许多私贩关进了监狱,也改变了酒贩子的傲慢态度。一方面,密苏里州堪萨斯城的官员报告说,由于《琼斯法案》的威慑力,一个月内有257个

▲ 一个警察局禁酒小队与没收的成箱的酒精和蒸馏设备合影

▲ 1923年1月，一名特工穿着一件专门用来运酒的"威士忌马甲"

地下酒吧歇业。巴尔的摩警方报告说，该地区有250家酒吧关闭。另一方面，继续藐视《第十八修正案》的罪犯开始反抗，以逃脱被捕的命运。警察、歹徒和平民在交火中的死亡人数不断上升。

1928年当选的总统赫伯特·胡佛虽然不热衷于禁酒，但可以说他比沃伦·G.哈丁和卡尔文·柯立芝为强制执行禁酒提供了更多的支持。胡佛政府采取了一种双管齐下的做法，改变了局面。首先，随着暴力犯罪愈演愈烈，1930年，禁酒探员被调到新的禁酒局下属的司法部。不过，国税局继续参与禁酒执法，埃尔默·艾利的特别情报部门将以逃税和洗钱为由追捕走私犯。这两个部门齐心协力打倒了卡彭，这是禁酒执法最显著的成效之一。

随后，埃利奥特·内斯领导了一场反对黑

▲ 这个标牌表明纽约的一处房屋因违反《第十八修正案》而被关闭

帮老大的运动,他和他精干的探员团队被称为"铁面无私"小队,这一事实说明了一个更广泛的问题。到1930年,17816名联邦禁酒令雇员中有1587人因撒谎、做伪证、抢劫、贿赂、挪用公款和藐视法庭而被解雇。芝加哥地方检察官办公室的一项调查显示,在这座城市里,禁酒特工中存在"大规模的系统性贪污"。腐败猖獗,从收受贿赂到视而不见,再到主动向私贩和老板勒索钱财。他们还出售获取工业酒精、医用威士忌所需的政府许可证,并兜售没收的酒。

一些人将这种腐败现象追溯到招募禁酒人员的宽松规定。可能是为了在禁酒机构成立时尽量解决禁酒探员短缺的问题,申请者不必参加公务员考试,即可上任。不幸的是,这为国会议员和地方政客任命亲信敞开了大门,把这项工作作为向他们或他们的政党提供服务的报酬。当然,这并不是雇用合格执法者的最佳方式。不仅是许多禁酒特工缺乏培训或相应的经验,监狱里的人数也令人震惊。《沃尔斯特德法案》施行两个月后,探员斯图尔特·麦克马林开枪打死了一名手无寸铁的走私犯。在法庭上,人们发现麦克马林曾被判过失杀人罪、伪造罪和公路抢劫罪,并在三个不同的州服刑。州参议员吉米·沃克后来成为纽约市市长,他曾为麦克马林的工作牵线搭桥。

腐败的另一个原因是禁酒特工的工资很低。

> 总的来说,美国政府为执行禁酒令投入了超过3000亿美元

▲ 1923年4月,税务局工作人员在华盛顿特区地下酒吧突袭中找到的酒

> 由于面临被封锁的威胁，于是酒吧老板就把精力集中在快速盈利上，而不是像以前那样用华丽的装饰吸引富有的顾客。

一个正直的禁酒特工一周工资不到50美元，而一个不诚实的探员却能买得起大多数美国人梦寐以求的奢侈品。例如，当一位加州妇女向疏远的禁酒特工丈夫提出离婚时，她要求平分他的财产。这位探员的官方收入仅为每周35美元，但人们发现，他拥有一套联排别墅、一套乡间别墅、两辆汽车、一艘快艇，还有多个银行账户。

不过，贪心并非局里独有。富有的歹徒还收买了当地的警察、陪审员和法官，甚至是美国司法部长。1921年至1924年任职的哈里·M.多尔蒂饱受腐败指控的困扰。1930年，联邦调查局雇用的前罪犯加斯顿·B.梅恩在参议院调查委员会作证，多尔蒂的私人助理杰西·史密斯曾向走私犯收取保护费，并用这笔钱收买他们，这些指控都得到了证实。

随着公众对禁酒令的仇恨情绪越发激烈，禁酒探员们被媒体丑化为好战和腐败分子。但大多数禁酒探员都诚实正派，从1920年到1930年，他们拘押了大约57.7万名嫌疑人，几乎有2/3的起诉成功定罪。探员没收了160万个蒸馏器和其他酿酒设备、4000万升烈酒，等量的葡萄酒、苹果酒和麦芽酒，以及4.5万辆汽车和1300艘船只。联邦禁酒间谍查获的财产价值被估为4000万美元（相当于今天的5.5亿美元），州和地方官员查获的数额也差不多。

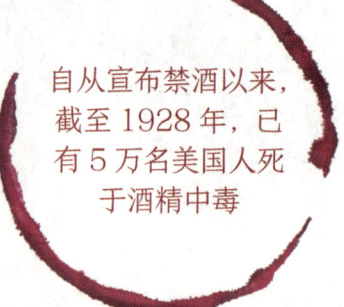

自从宣布禁酒以来，截至1928年，已有5万名美国人死于酒精中毒

◀ 禁酒局采用的标志牌，用于拦截可疑车辆

朗姆酒巡逻队

一队驱逐舰监视着海岸，以防走私者从美国边境以外进入

尽管在家自己酿酒的非法酿酒商不在少数，但走私"恶魔饮料"到美国也是一笔大生意。黑帮经由五大湖和北大西洋从加拿大运来威士忌，财团则从加勒比海和巴哈马偷偷运来朗姆酒，欧洲的大出口商则同时通过这两条通道向美国输送酒。对付这些外国敌人的第一道防线是美国海岸警卫队。

禁酒令实施后，美国海军征调了25艘驱逐舰支持警卫队。人们认为，为海岸警卫队改装这些旧军舰比建造新军舰要便宜。然而改造这些船只（其中一些在第一次世界大战前就已经存在）却花费了一年多的时间。同样，这些驱逐舰是迄今为止投入的最大规模、最先进的驱逐舰。海岸警卫队不得不雇用数百名新兵来管理。其中一些驱逐舰是轻型小艇，速度可以达到每小时46千米。虽然它仍然不够快，无法赶上那些将违禁品运上岸的联络船，但可以抓住那些运送大批货物出海的母船。

▲ 美国海岸警卫队"塔克号"（左）和"卡西恩号"组成了"朗姆酒巡逻队"

▲ 剧作家诺埃尔·科沃德是纽约东区著名的马尔伯勒酒馆的常客

地下酒吧现象

在地下酒吧，非法酒品可以自由交易。它们的存在归功于禁酒令，并成为咆哮的20年代的标志性元素

尽管禁酒令有宏大的道德目标，但它却未能终结美国的酒精饮料消费。相反，《第十八修正案》是禁酒运动的成果，却也埋下了灾难的种子——这甚至比一杯烈性威士忌还要致命。

禁酒令并没有消灭邪恶的酒精，而是将其打入地下，并开启了混乱和敲诈勒索的统治，这背后的操纵者主要是黑社会犯罪组织的头目。禁酒令的后遗症包括敲诈勒索和谋杀等骇人听闻的犯罪活动、公职人员和执法人员的腐败及刚刚兴起的酒类黑市的暗流。也许最有影响力的后遗症是地下酒吧，这是一种非法兜售酒品的酒肆，诞生于法律禁止制造、运输和销售酒品的时代。

从逻辑上讲，地下酒吧的诞生是不可避免的。神秘夜总会的诱惑力，以及它产生的迷人气氛是无法抗拒的。可以说，在禁酒期间，酒类的消耗量并没有减少，反而增加了，而这个出人意料的后果主要归因于地下酒吧的盛行。地下酒吧通常作为合法餐厅门面、杂货店或其他商店的秘

▲ 这家地下酒吧的生意照常进行，酒保们穿着洁白的束腰外衣，调着当天的酒

密附属设施运营，它唤起了冒险精神和参与精神，而出资人也不会将这种活动视为违法行为。在禁酒令成为国家法律之前，许多人认为喝酒只是一种成人娱乐方式，是一种社交活动。

"地下酒吧"一词是指以前非常显眼的酒吧和夜总会被关闭后，在全国范围内兴起的喝酒和娱乐场所。关于这个词本身的起源，说法不一，包括在旧时酒吧里，顾客应当恪守礼仪，并"好好说话"，以避免和当局发生冲突。另一些人则断言，这源于对非法酒吧的神秘而谨慎的管理，这些酒吧非常隐秘，以保护自己的特许经营权。还有一个说法是，"地下酒吧"这个词源自透过暗藏或锁着的门小声说出口令的做法——类似"乔派我来的"这样简单而熟悉的话，让保镖确信，你是来找乐子的，而不是来抓人的。

地下酒吧，也被称为"盲猪""盲虎"，或干脆叫作"杜松子酒"。它开启了美国社会体验的转变。在昏暗的光线下，烟雾飘向天花板，爵士艺术家和舞蹈演员显得与观众相当亲密。富人、名人、普通市民，伴着新潮女郎①的商人、工薪阶层，全都混在一起。白人和黑人喝酒、聊天、跳舞，擦出浪漫的火花，全然没有了肤色障碍。不过，对地下酒吧来说，最吸引人的是酒，在这

> 地下酒吧供应的非法威士忌有时很浓，可以直接作为汽车燃料使用

---

① 新潮女郎（flapper），尤指20世纪20年代对传统衣着和行为表示不屑的年轻女性。

> 纽约市的地下酒吧数量之多，让人们把它称为"蒸馏器上的城市"

里，酒可以自由流通，比美国历史上任何时候都要自由。

各大城市的地下酒吧成为晚间娱乐和消遣的焦点，据说最严重的时候，纽约市有多达10万个这样的秘密场所，这个数字可以匹敌芝加哥。洛杉矶、旧金山、波士顿和迈阿密的非法酒吧也很猖獗。禁酒令为黑社会犯罪打开了大门，使之获

▲ 在禁酒令时期，年轻的埃拉·菲茨杰拉德以浑厚深情的嗓音赢得了无数的听众

▲ 艾灵顿公爵和他的乐队在芝加哥，他们也是纽约棉花俱乐部的常客

▲ 男人和女人都喜欢地下酒吧的气氛，在这里，人们可以尽情地饮酒，不用担心遭到警察的窥视

得了自由流动的收入来源，尽管一些个体经营户在地下室、车库和后院开设了自己的饮酒场所，但大多数地下酒吧都是由黑帮经营的。20世纪20年代在芝加哥，艾尔·卡彭控制了多达两万家这样的酒馆，赚取了数百万美元。卡彭的势力主导了流入芝加哥的私酒，并将其分销给了大量急需酒的地下酒吧顾客。

在纽约，查尔斯·"幸运"·卢西亚诺每年赚1200万美元，其中警察和公职人员的贿金及从世界各地进口的大量私酒的费用花掉了这笔钱的1/3。

卢西亚诺和他的同伙在美国东海岸经营着最大规模的走私活动，占据了纽约、费城和整个新泽西州的黑市交易份额的绝大部分。他从加拿大带来威士忌，从加勒比海带来朗姆酒，从意大利和法国带来昂贵的香槟和葡萄酒。

有时，执法部门试图封锁地下酒吧的努力似乎是徒劳的，就像与神话中的九头蛇搏斗一样。当一家地下酒吧遭到突袭，它的酒被没收和销

▲ 一对联邦探员在展示伪装后的样子，以便潜入地下酒吧进行逮捕

调酒艺术

地下酒吧的顾客抱怨杜松子酒或稀释的工业酒精味道差。利用现有的供应，手巧的调酒师将酒与糖、果汁、无酒精饮料或奶油混合起来，发明出了今天仍然流行的可口的混合酒

白兰地亚历山大

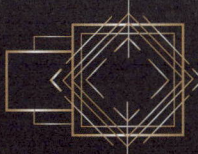

白兰地亚历山大是奶油、白兰地和可可甜酒的混合物，是酒保哈里·克拉多克撰写的《萨伏依鸡尾酒书》中的经典酒品。1920年，他前往伦敦，十年后回到美国，将欧洲和美国的配方混合，调制出了一些令人难忘的酒。

飞行鸡尾酒

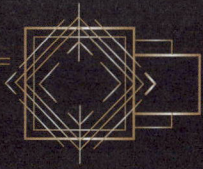

20世纪初，酒保雨果·恩斯林在纽约沃利克酒店创制了这款酒，并收入1916年出版的《混合饮料配方》一书中。随着禁酒令的出台，哈里·克拉多克改变了杜松子酒、柠檬汁、马拉斯奇诺甜樱桃酒和紫罗兰香甜酒的配方，省去了最后一种稀有的配料。

马提尼

尽管它的起源早于禁酒令，但在禁酒期间，对经典马提尼的改良使它成为一种美国代表性饮料。马提尼酒主要由伦敦干杜松子酒、干苦艾酒和苦味酒（可自选）混合而成，滤入冰镇鸡尾酒杯。马提尼酒中会加入少量的橄榄汁或盐水。

香草牛奶潘趣酒

在禁酒令颁布前夕，为满足读者需要，《节俭》杂志出版了大量的混合饮料配方。香草牛奶潘趣酒含有香草精、糖、鸡蛋、牛奶、肉豆蔻、波本威士忌及白兰地或朗姆酒——与冰块充分摇合，滤干。

闰年鸡尾酒

禁酒时期，哈利·克拉多克的另一个作品是闰年鸡尾酒。克拉多克把两盎司杜松子酒、少量柠檬汁、半盎司甜苦艾酒和大玛尼尔酒放在一起，用冰块把它们摇晃混合后，再把混合物滤入玻璃杯。

毁，酒吧主被监禁时，会有三家酒吧冒出来取代它。当这些酒吧被关闭时，原来的又在新近发布的管理规则下重新运行起来。实际上新泽西州的官员声称，禁酒令生效后，该州的非法饮酒场所数量是禁酒令生效前的10倍。在波士顿，有4个地下酒吧在该市警察总部所在的街上肆无忌惮地营业。

为了避免被发现，地下酒吧的所有者费尽心思地隐藏他们的行动。陷阱门、后巷入口、厚重的窗帘、隐藏的楼梯和使货架转动的开关，这些只是为逃避恢恢法网而发明的诸多方法中的一部分。在芝加哥，卡彭最常栖居的巢穴之一是建有秘密通道的绿磨坊。如果警察找上门来，顾客可以悄悄溜走。

在纽约21俱乐部，有一个秘密酒窖，里面存放了多达2000瓶私酒，而酒瓶可以扔到看不见的滑槽里，门也被遮住了，酒保按下一个按钮，便可将一个旋转的酒吧架子翻转过来。另一个按钮可以把酒瓶从架子上通过滑槽直接传送到一个装有排水管的地窖里。地下酒吧的名声口耳相传，随着被发现的风险增加，顾客可能被秘密告知用于获取进入权限的密码，甚至收到会员卡。事实上，纽约东51街的"鹳俱乐部"确实向老客户发了此类卡，持有其中一张卡就是持卡人声望的象征。

▲ 一位潜在顾客看到了一个写在城市街道上的标志，它指明了禁酒时代地下酒吧的方向

在某些情况下，买酒是一种快速、直接的交易。顾客走到大门前，门上有两道缝，下单后在另一边一名酒保的监视下，把钱塞进一个盘子里。过了一会儿，另一名酒保用托盘把酒递出来，随后两道裂缝都会被堵住。还有一些活动场所被人们称为"宰客夜总会"，也就是一些声名狼藉的机构，它们用漂亮女孩和可口饮料引诱不知情的顾客，进而占他们的便宜。

顾客一旦喝得烂醉，就会遭到抢劫、殴打，然后被扔到街上。然而，这些机构的出现不能代表地下酒吧的神秘气氛。如今，这种现象已经成为禁酒时期的特征，并代表了无忧无虑、享乐主义、放荡喧闹的20世纪20年代的生活方式。

公众对禁酒的支持最多也就是不冷不热。第一次世界大战结束后，人们沉浸在欣喜的社会氛

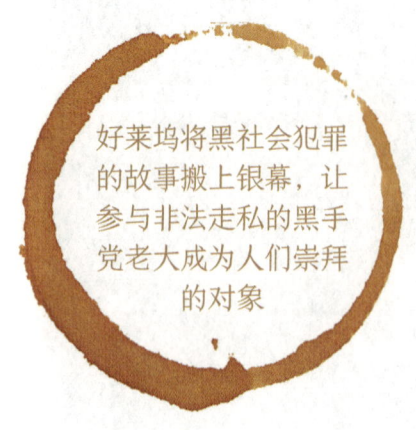

好莱坞将黑社会犯罪的故事搬上银幕，让参与非法走私的黑手党老大成为人们崇拜的对象

围中,这一期间妇女得以参加更多的社会事务,享有更大程度的自由,她们可以公开吸烟、留短发和自由发表言论。在大迁徙运动中,大批非裔美国人前往北方城市找工作,作家F.斯科特·菲茨杰拉德命名的"爵士乐时代"的兴起开创了娱乐事业的新传奇。爵士乐歌手和音乐家在这些场所找到了大量乐于接受且有鉴赏力的观众,并获得了声誉。在这些场所,"地下酒吧"一词与喧嚣热闹的夜生活经历构成了鲜明对比。

随着地下酒吧越来越多,现场表演的需求也越来越大,吸引了顾客前来,而餐桌服务变得越来越普通,因为女士们通常不喜欢坐在酒吧里。食物也发生了变化,餐厅的现代概念随着菜单项目和"异国风味"食物(如意大利菜)的发展而成熟。有时,酒的质量令人怀疑,大多是家酿杜松子酒或是被稀释的化学污染劣质工业酒精。为了掩盖其糟糕味道,酒吧会将这些酒与果汁、无酒精饮料或其他美味的液体混合,产生了新一代的混合饮料,其中许多已成为现代酒吧里的主要产品。年轻男女开始不受父母或其他成年人的监督进行社交活动,约会也开始流行起来。

因此,地下酒吧影响了美国社会生活的方方

地下酒吧的暗语

黑暗中的地下酒吧文化发展出了自己的术语和暗语,这些酒吧也因此得以隐藏起来

禁酒期间,地下酒吧日益兴盛,一种完全独立的行话随之出现。那些经常光顾地下酒吧的人把主要饮品称作除了酒以外的任何东西——狼蛛汁、黑豹汗、棺材清漆和胡奇。那些在供应免费饮料时占便宜的人被称为"酒窖嗅客"。

非法酒精或是在不安全的条件下生产的、或是含有有毒成分的饮料,都存在危险。酒精引起疾病的一个例子是"杰克步"或"杰克脚",它描述了杰克(一种含有高浓度酒精和牙买加姜汁酒的药物)的副作用。当局希望提高配方中的生姜含量,以防止滥用该类药物,非法贩卖者还添加了磷酸三甲酯增塑剂——一种强大的神经毒素——保证其可饮用。结果对成千上万的成瘾者造成毁灭性伤害。他们步态变得奇怪,甚至造成了永久瘫痪。歌手阿萨·马丁就唱过《爸爸的杰克步》。

地下酒吧的暗语开始逐渐进入日常生活,人们很快就使用"滑道"来代指酒鬼聚集的地方。这不是它最初的含义,最初是指木材进入太平洋西北部港口的木材交易。其他暗语涉及夜晚镇上的每一个元素,狂欢者"涂脂抹粉",穿上"盛装"、"捉妖"和"喋喋不休地胡扯",花光所有的"铜子儿"——换言之,穿着体面地去地下酒吧喝上几杯,跳几支舞,直到把所有的钱都花光!

▲ 在禁酒令时期热闹的地下酒吧里,酒保们忙着制作订单,大家相谈甚欢

夜总会皇后

塔克萨丝·吉南是禁酒时期纽约市一位著名的地下酒吧拥有者

玛丽·路易丝·塞西莉亚·吉南因来自美国西南部瓦科市而被称为"塔克萨丝"。她生于1884年，曾在多部无声电影中担任女主角，在30多部作品尤其是西部片中扮演持枪和骑马的牛仔女郎。结识黑帮头目拉里·费伊后，她被引诱到纽约，开始在费伊的埃尔菲俱乐部做女招待。她凭借自己的能力赢得了艺人的声誉，与顾客们进行生动的交谈，并用亲昵的"你好，笨蛋！"向他们打招呼。

吉南在离开费伊后办起了自己的地下酒吧，在1927年执法人员逮捕她时，她声称自己只是300俱乐部的女招待。陪审团认定她没有违反《沃尔斯特德法案》。有趣的是，她只喝咖啡。后来，吉南参演了一场舞台剧，并在电影《夜总会女王》中扮演了以自己为原型的角色塔克萨丝·马龙。1933年11月，在华盛顿州温哥华演出时，她患上了严重的溃疡性结肠炎并在第二天的紧急手术中去世。1.2万名哀悼者参加了她在纽约举行的葬礼。

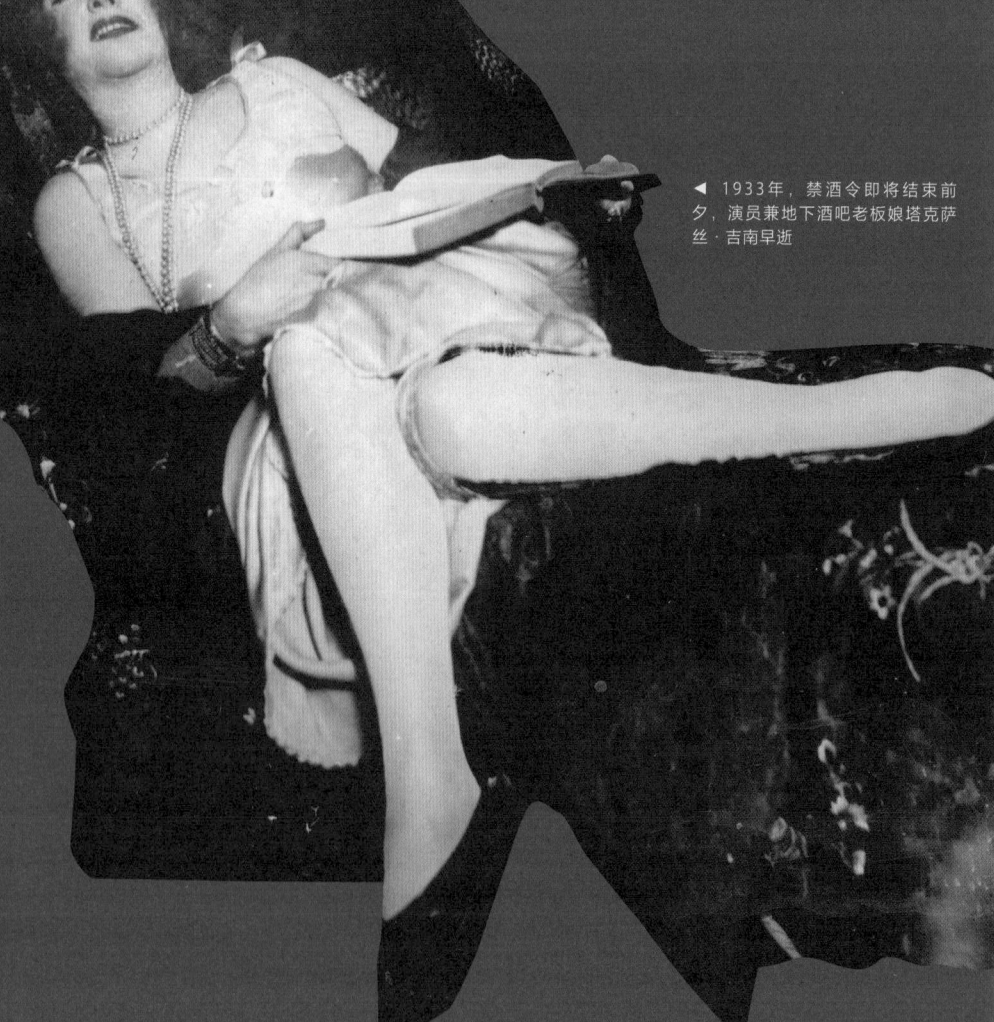

◀ 1933年，禁酒令即将结束前夕，演员兼地下酒吧老板娘塔克萨丝·吉南早逝

▲ 禁酒期间声名狼藉的酒保哈里·克拉多克在伦敦萨伏伊酒店正为一位顾客调制一杯饮料

面面，其影响力远远超出了紧闭的大门和烟雾弥漫的欢饮场所。

在1933年废除禁酒令后的几十年里，这些场所的传说流传至今。旧照片和聚会的故事激起了一股怀旧的浪潮，一些地下酒吧合法经营至今。那个时代仍然让人着迷。

在纽约，位于西52街的21号俱乐部是最著名的地下酒吧之一，弗兰克·辛纳特拉和汉弗莱·博加特等演员和艺人是那里的常客，作家欧内斯特·海明威也经常光顾这家酒吧；在卡萨布兰卡，黑帮老大拉里·费伊出售从加拿大走私到美国的威士忌，并于1932年被一名愤怒的门卫枪杀；300俱乐部和银泰俱乐部均由地下酒吧的风云人物之一塔克萨丝·吉南经营。她一直对执法人员声称酒是自己带来的，并非走私品。银泰俱乐部位于市中心曼哈顿交通繁忙的波莉·阿德勒妓院隔壁。西58街著名的鹳俱乐部为走私犯谢尔曼·比林斯利所有，作家罗伯特·本奇利和多萝西·帕克经常光顾西49街的穿孔机俱乐部。1922年，在西村秘密经营的查姆莱，是当时著名文学人物的聚集地，包括海明威、菲茨杰拉德、威拉·凯瑟、诺曼·梅勒、约翰·斯坦贝克、埃德娜·圣文森特·米莱和E.E.肯明斯。查姆莱的员工创造了"86"这个词，在餐馆和酒吧里它成为取消订单的同义词。当聚会要

> 这家著名的棉花俱乐部位于哈莱姆区第142街，它闪闪发光的招牌吸引着客人前来光顾

▲ 哈莱姆区的棉花俱乐部为黑帮头目奥尼·马登所有,他还在纽约的地狱厨房豢养了一群暴徒

被突袭的时候,"86!"就是示意顾客从贝德福德街86号的秘密门快速逃出的信号。这家地标性的酒馆原本是一家爱尔兰酒馆,1868年作为家族企业开业,酒馆位于一楼,二楼和三楼设有起居室。禁酒令时期,这家人把自己的生活空间搬到了一楼和二楼,而地下酒吧则转移到了三楼。

在执行禁酒令的13年期间,内彭斯俱乐部从未被警方突袭过。与众不同的是,它只为男性提供服务,最多可容纳80人,并以提供纽约最好的食物而闻名。

也许爵士乐时代最长寿的传奇地下酒吧是棉花俱乐部,在哈莱姆区闪闪发光的"麦加圣地"。棉花俱乐部以快乐的棉花种植园为主题,经常有白人顾客光顾,而它的大部分服务员和员工都是黑人。犯罪头目奥尼·马登管理着这家俱乐部,其中有艾灵顿公爵和他的管弦乐队、该俱乐部的常驻乐队、埃拉·菲茨杰拉德、卡布·卡洛威、巴西伯爵和莉娜·霍恩等娱乐界名人。为了站在娱乐潮流的前沿,康妮旅馆接待了一些20世纪20年代最著名的爵士乐艺人,其中包括传奇人物路易斯·阿姆斯特朗和法特·沃勒。康妮旅馆也位于哈莱姆区，所有者是康拉德·伊梅曼和他的兄弟乔治和路易，他们从拉脱维亚移民过来，经营着一家熟食店，还有兴隆的走私生意。这些彼此竞争的俱乐部的赞助人和其他顾客跳林迪舞、狐步舞和查尔斯顿舞，喝起酒来一醉方休。

在位于西塞罗郊区的另一家棉花俱乐部是芝加哥最棒的地下酒吧之一，爵士乐大师们挤在房子里表演，这里的经营者是艾尔·卡彭的兄弟拉尔夫。就连芝加哥市长吉姆·"大比尔"·汤普森也是赞助人之一。阿姆斯特朗录制了一首名为《敲罐子》的饮酒歌曲。贝西·史密斯在她的歌曲《我和我的杜松子酒》中有一句"任何一个走私犯都是我的朋友"。

1929年10月24日，华尔街股市崩盘如闪电般袭来，地下酒吧无忧无虑的时光很快开始消退。他们的可支配收入锐减，导致许多酒吧自动关门，这是执法人员从来没能做到的。那些地下酒吧的拥有者成了一系列逃税指控而不是非法走私起诉的目标。政府急需扩大税收来源，创造就业机会，导致禁酒令于1933年终止。

就像禁酒令本身一样，地下酒吧也逐渐淡出了人们的视线，成为过去那个时代永不褪色的回忆。尽管如此，它起到的推动作用仍然超越了一杯烈酒的基本需求。它是各种文化交汇的地方，吸纳融合了各种生活和社交理念。地下酒吧以自己的方式继续影响着美国人的生活。

▲ 在这张1930年的地下酒吧的照片中，男女顾客急不可耐地纷纷前往地下酒吧喝酒

禁酒令、走私与朗姆酒私酿者

非法酒类贸易在陆地和海上蓬勃发展，因为走私者在禁酒期间将走私活动的成功率提高到了前所未有的高度

收益和需求催生出了胆大妄为之徒、职业罪犯、夫妻酿酒店，当然还有禁酒时代的守法公民。1933年美国宪法《第十八修正案》的废除，结束了这场"高尚实验"，《沃尔斯特德法案》所明确禁止的走私、非法运输和酒类销售活动在1920—1930年蓬勃发展。

美国对酒品，尤其是蒸馏酒和上等酒的渴求，并没有随着禁酒令的开始而消失。事实上，饮酒可能已经成为一种更受欢迎的消遣方式。在法律禁止制造、销售和运输酒的时期，喝一杯酒反而会令人兴奋。被称为地下酒吧的秘密酒吧在美国遍地开花，它们吸引人的自然是酒精饮料。为顾客服务意味着提供现成的非法酒品。

有许多"企业家"愿意效劳。"走私"（bootleg）这个词在20世纪20年代就已经开始使用了，这个词起源于美国内战期间，当时士兵们把一小品脱威士忌藏在靴子（boot）里，偷运到营地。这个名字在禁酒期间很常见，最开始指那些用扁酒瓶装酒藏在裤子下面在街头兜售的人。自此以后，它一直是人们熟悉的一个词汇，指任何对原件的非法复制。

非法生产酒品并非源于禁酒令——多年来，这种做法一直存在，目的是逃避纳税或规避对产品的其他限制。

▲ 纽约市一家酒吧的老板因走私被捕后,联邦税务局的探员们拆除了这家酒吧

朗姆酒私酿者威廉·麦考伊

最著名的朗姆酒私酿者威廉·"比尔"·麦考伊常以提供最好的酒而自豪

禁酒令的出现使威廉·麦考伊开始经商，他作为一个成功的朗姆酒销售者名声大噪。他为顾客提供最好的酒的名声和自傲都与流行语"真正的麦考伊"有关，这句话很可能在禁酒时代之前就流行起来了。

尽管如此，麦考伊还是在拍卖会上买下了一艘名为"阿雷图萨"的旧帆船，他将其改装为一艘走私船，并改名为"托莫卡号"。随后他在美国东海岸开始了一项有利可图的冒险活动，最终因此被捕入狱。随着直接进入美国港口的线路越发危险，麦考伊改变策略，决定在美国内海海域三海里领土管辖范围外停下来，在那里将酒卖给私贩，让他们乘坐更小更快的船，这样一来，便可相对轻松地将酒运达海岸线。

三海里的界限很快就被称为朗姆酒线，在它外侧等候的船只被称为朗姆酒船。

1923年11月23日，当美国海岸警卫队接应船"塞内卡号"发现"托莫卡号"从事非法活动时，麦考伊的盈利能力和运气都耗尽了。"塞内卡号"派出的登船队被机枪击退，但随后接应船用它的大甲板炮开了一炮，炮弹直接穿过了"托莫卡号"的船头，抓捕活动很快就结束了。

麦考伊没有为他的犯罪活动找任何借口，他解释说，自己只是满足了人们的需求。他承认犯下非法走私罪，在新泽西州的监狱里服刑了9个月，出狱后退居佛罗里达州投资房地产。

▲ 美国海岸警卫队接应船"塞内卡号"上的货舱里装满了从威廉·麦考伊这样的走私犯手中缴获的违禁酒

位于南方森林或东北部山区的地下蒸馏制酒窝点并不罕见。装有未经征税的朗姆酒的小船已经定期行驶在加勒比海地区和美洲大陆之间。不过，禁酒期间，走私手段和它带来的数百万美元的利润使这项生意蓬勃发展。

美国的城市和偏远地区经常有非法制造酒品的事件发生。普通家庭的地下室生产规模常常达到工业生产规模。同时，非法进口外国酒对黑社会犯罪组织和小玩家来说也是一种商业利润来源。加拿大和墨西哥酒横跨边境流入美国。从加拿大出发，经过陆路、五大湖或圣劳伦斯海路，走私贩子从墨西哥把龙舌兰酒和其他烈酒带到了大部分未受保护的沙漠边境，或者走私到科珀斯·克里斯蒂和加尔维斯敦等得克萨斯港口城市。走私犯和执法人员之间的战斗永无休止。

从1921年到1925年，美国禁酒探员没收了近70万个蒸馏器，这些蒸馏器的作用是生产烈性酒。仅仅从1928年至1929年一年，他们就查获了110万加仑酒、15700个酒厂和11416个蒸馏器。然而，他们并没有有效遏制堪称暴利的酒类贸易。在纽约州，一个正常的蒸馏器每天可生产多达100加仑的酒，每加仑的成本大约为半美元。同一加仑的售价从3美元到12美元不等，在禁酒令中，美国政府推断，额外流入美国的外国酒价值高达30亿美元。

在南部农村和其他地区，向市场运送私酿威士忌的现象催生了一项耗资数百万美元的运动——改装赛车比赛。诞生于禁酒令时期的美国

这种混合饮料在禁酒期间很受欢迎，部分原因是为了掩盖现有"劣质"威士忌的难闻味道

▲ 一名联邦探员正在检查最近一次突袭缴获的一批包装严密的非法酒品

改装汽车赛事协会很快欠了一笔债务。生产是一回事，但运输威士忌到市场又是另一回事。私贩们越来越擅长利用普通汽车，他们"加大"引擎马力以超过追赶他们的警车。一般来说，人们可以在车库里将引擎拆下来重装，而座椅和地板则被剥去，以便尽可能多地为私酿酒腾出空间。下面增加了额外的弹簧来控制重量分配，并安装了防尘板来保护散热器。大引擎的引入，特别是1932年上市的福特平头V8，也为这场追逐游戏带来了更大的马力。

在黑暗中，私贩们在泥泞的道路上一路急行，他们常常不开车灯，打急转弯，把油门直接踩到底，这种驾驶技术为他们逃避法律的制裁起了不可替代的作用。良好的轮胎同样必不可少。司机也必须具有在紧要关头修理自己车辆的能力，这促使现代改装赛车维修队在让司机重返比赛的过程中发挥出惊人的工作效率。最早的改装赛车明星们在他们贩运禁酒的过程中磨炼了技巧。其中最有名的是小约翰逊，他十几岁时就曾贩运玉米做的酸麦芽汁。华盛顿州斯波坎市的埃德蒙·法伊曾开着一辆破旧别克车，满载加拿大威士忌，穿越国境。

禁酒期间，外国酒的需求一直很高，像艾尔·卡彭和查尔斯·"幸运"·卢西亚诺这样的

▲ 禁酒令施行期间，在科罗拉多州丹佛市的一个法庭外，两个衣着光鲜的走私犯在握手

主要犯罪分子和他们的同伙分别在芝加哥和纽约市发展。在美国，几乎每一个主要城市都有走私活动，非法贸易导致全国有组织犯罪现象呈指数级增长。

在纽约，卢西亚诺变得非常富有，并和包括迈耶·兰斯基、本杰明·"巴格斯"·西格尔、弗兰克·科斯特洛和维托热那维塞在内的流氓纠结在一起。卡彭以铁腕统治芝加哥，这座城市因

▲ 税务局探员在纽约的一次突袭中收缴了数千瓶酒

与非法走私者的惊人收入形成鲜明对比的是，美国海岸警卫队司令每年的薪水只有6000美元

调制家酿杜松子酒

家酿杜松子酒有时几乎难以入口,尽管生产过程耗时耗力

对一些寻求盈利机遇的美国人而言,酿造私酒成了一种家庭手工业,他们最著名的发酵产品可能是"家酿杜松子酒"。家酿杜松子酒的制作过程相对简单。用一个小蒸馏器来发酵水果、土豆、甜菜或玉米糖的混合物或糖浆,得到的酒精纯度相当高,有时达到200度(美制酒度①),有时甚至更高。然后,将甘油和少量杜松子油加入酒精混合调味,便可大幅度稀释从而降低酒精浓度、增加产量,以满足销量。

常用瓶子的颈口太高,无法安装在厨房水槽的水龙头下接水,浴缸里的水龙头就可以发挥作用了。这导致了一种叫作"浴缸杜松子酒"的粗制家酿饮料的产生,这个绰号最早出现在1920年左右。大多数时候,这种饮料的糟糕味道令人难以忍受,酒精与果汁、无酒精饮料或任何可能使它更可口的东西混合在一起。如今在许多酒吧和餐馆经常能喝到的杜松子酒饮料,都归功于"浴缸杜松子酒"。

▲ 一个女人手里拿着几瓶非法酒品,其中一瓶很显眼地贴着"杜松子酒"的标签,这可能就是"浴缸杜松子酒"

帮派暴力声名狼藉,其中包括1929年的情人节大屠杀。禁酒期间,纽约市至少有1000人死于帮派暴力。

然而,为地下酒吧供货是一个有利可图的行业,人们往往愿意冒着生命危险采取行动。据报道,卡彭每年收入高达惊人的1亿美元,每年向腐败的公职人员和执法人员给付50万美元的封口费和贿赂,这些人则默许他的活动,允许他的酒类交易在不受干扰的情况下进行。1921年,纽约市约有100名禁酒探员因收受贿赂被解雇。

如果说走私的鼎盛时期出现了一种浪漫或冒险的元素,那么带来这些元素的就是那些向黑帮头目提供"液态黄金"的人。这些所谓的"朗姆酒贩子"抓住了在小船上赚钱的机会,每一寸可利用的空间都塞满了违禁酒——法国和意大利的香槟、英国生产的杜松子酒和苏格兰威士忌、加拿大生产的威士忌,以及加勒比海诸岛生产的廉价朗姆酒。尽管在从巴哈马到美国海岸长途跋涉的酒类走私史上那些声名狼藉的名字当中,朗姆酒名声最为响亮,但那些一开始走私朗姆酒的人很快就发现,其他类型的非法酒品将带来更好的回报。威廉·S."比尔"·麦考伊经常把大量的朗姆酒带到三海里边界,那是国际水域与美国海岸警卫队管辖的水域相接之处。在那里,麦考伊和其他人把朗姆酒和威士忌卖给其他走私者,他们通常乘坐的是快速机动的小型快艇,改装的游艇或装有机枪和拥有飞机引擎的改装快艇。他们基本都比追赶在后的海岸警卫队巡逻艇跑得快。成功的朗姆酒走私犯赚了可观的利润,但同样承担了很高的风险。那些在黑暗的掩护下冒险进入

---

① 美制酒度(Degrees of US)用proof表示,一个酒精纯度相当于0.5%的酒精含量。

▲ 在纽约因逃税受审前，走私犯、歹徒"荷兰人"舒尔茨摆出了一副坚忍的样子

偏僻水道或海滩的人有时会碰到沙洲或珊瑚礁而不幸遇难，当局在白天发现的漂浮的瓶子和船只残骸证明了他们的结局。

由于《第十八修正案》和《沃尔斯特德法案》都没有禁止饮酒，因此在禁酒令期间，美国自制酒，特别是啤酒和葡萄酒的生产规模激增。据估计，1925年至1929年，人们消费的自制葡萄酒接近7亿加仑，这一数字是禁酒前在壁橱和地下室发酵酒的数量的三倍多。加州葡萄酒商将葡萄种植面积增加了近7倍，达到68万英亩。

与此同时，一吨葡萄的价格从1919年的9.50美元飙升至1924年的375美元。《沃尔斯特德法案》专门针对家庭酿酒指出，在当局登记的家庭户主每年最多可以酿造200加仑葡萄酒且可以免税。

杂货店为家庭酿酒师或潜在的私贩储备了必要的原料，供他们一展身手：玉米糖、玉米糖浆、麦芽糖浆、啤酒花、酵母、瓶子、瓶盖，甚至是可供家庭使用的小蒸馏器。

禁酒期间，酒精还可用于医疗和宗教，不道德的医生和药剂师靠开具不必要的处方赚钱，愿意为这些处方付钱的人可以得到酒精。禁酒令期间，执照"医生"和药剂师的数量急剧增加。那些声称需要酒来进行礼拜仪式的牧师也是如此。

来历不明的酒的危险性增加了优质酒的需求。很多时候，窃贼从工厂偷取工业酒精，将其稀释，然后卖到地下酒吧，添加在其中的苯或甲醇等化学物质使其具有难闻的味道和气味。政府法规规定，这种酒精是不可饮用的。饮用这种

禁酒结束很久之后，1948年2月15日，当局举行了第一次正式改装赛车比赛

▲ 打开一辆被没收的私贩车，露出一个隐藏的隔间，里面存放着几瓶酒

受污染的酒有时会导致失明、器官受损甚至死亡,但据估计,仍有5万人死于饮用"劣质威士忌",这些酒是被那些急于发财的私贩"篡改"过的。

禁酒令一开始,甲板上就站满了执法人员,包括禁酒处、联邦调查局、海岸警卫队、国税局探员、海关和移民官员及当地警察和治安办公室的人员。成立于1920年的禁酒处是国税局的一个部门,后来成为财政部的一个单位,随后又归司法部管理。禁酒期间,尽管执法部门在逮捕、起诉和监禁罪犯的过程中取得了长期且显著的成就,但资金始终不够,走私犯的聪明才智使他们总是领先当局一大步。走私犯把他们的货物藏在看起来没有问题的货箱里,他们把威士忌瓶子伪装成其他物品,无情地报复那些告发或破坏他们非法活动的人。

1920年禁酒令生效时,美国政府只为负责全国事务的1500名执法人员提供了资金,也没有提供相应的培训。1923年全年,48个州和联

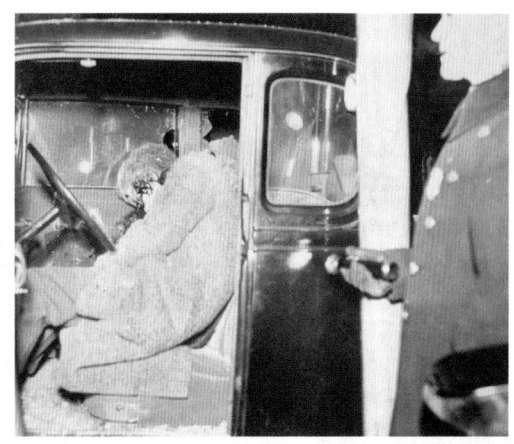

▲ 一个走私犯和他的女友在禁酒时期的帮派争斗中遭遇了悲惨结局,在他们的车里不幸被枪杀

邦政府投入不超过50万美元实施《沃尔斯特德法案》,该法案被认为是《第十八修正案》真正的"獠牙"。在14年的禁酒期间,打击走私犯的任务十分艰巨。尽管20世纪20年代末联邦政府工作人员的数量增加到3000人,但根本没有办法顾及从墨西哥湾到北大西洋和从加利福尼亚南端到太平洋西北部超过12000英里的漫长海岸线,

▲ 当一艘政府船只靠近时,一个私贩从小船上卸下非法威士忌

▲ 官员们在检查最近一次突袭中从一对意大利移民夫妇家中没收的100加仑蒸馏设备

更不用说与加拿大及墨西哥连绵数千英里的边界线了。

在芝加哥，300名执勤禁酒令官员被卡彭一方至少1000名暴徒压制，而黑手党头目控制着全市约1万个地下酒吧。尽管如此，禁酒令施行时期，执法部门还是定下了卡彭逃税的罪名，这也是他们最显著的成就之一。年轻的禁酒探员埃利奥特·内斯是令卡彭垮台的主要功臣，两名纽约警官伊西多·"伊兹"·爱因斯坦和莫伊·史密斯因在打击非法酒品的斗争中声名鹊起。

众所周知，伊兹和莫伊使用非正规手段打击饮酒，包括伪装成建筑工人、外国人或前来找乐的外地人进行卧底行动。据传，伊兹在禁酒期间逮捕了近5000名作案者，通常是在非法购买用作证据的酒品后，使用隐藏的软管将酒存放在一个隐藏的扁酒瓶中。尽管两人都很成功，但他们的上司认为，两人引起的媒体关注对这项工作不利，并于1925年解雇了他们。

1930年，艾尔·卡彭每周的收入约为600万美元，其中大部分来自他的地下酒吧

最后，对走私行为最有效的解药是1933年《第十八修正案》的废除。随着禁酒令的结束，酒类交易在大多数情况下再次合法化。但走私犯从未完全停业，直至今天，美国仍有走私活动发生。

愚弄执法

走私犯想出了在警察和联邦探员眼皮底下走私酒品的新方法

牛蹄鞋

农村地区的私贩们在禁酒期间运送私酒时，制作出类似牛蹄子的鞋来遮盖脚印。这一想法源于英国著名侦探角色夏洛克·福尔摩斯的故事，在这个故事中，罪犯将他的马蹄印伪装成牛蹄印

《四只燕子》

双关语，巧妙地把几小管喜爱的酒装在一个扁酒瓶里伪装成一本正常的书。书里面藏着4小管酒，这部真正畅销的作品有一个讨巧的标题：《春天的诗：四只燕子》

随身扁酒瓶

用一套悬挂在佩戴者腰间的笨重扁酒瓶成功走私酒类，其关键是用一件大衣盖住酒瓶。但如何处理额外的重量又是一个问题，因为这些瓶子里装满了重达几磅的非法酒类

威士忌背心

这件威士忌背心大大增加了穿着者的腰围，有各种尺寸的设计，可以让一个走私犯携带多瓶酒进入公共场所，而且不会引起注意。为了隐蔽，携带者不得不穿厚大衣，然而瓶子的叮当声会使这种努力付之东流

另一种燃料

车的油箱甚至也成了数十瓶非法威士忌的潜在藏身之地。这些油箱通常位于难以检查的位置，需要一定程度的拆卸才能找到隐藏的酒。尽管如此，一些使用这种方法的走私者还是失败了

▲ 棉花俱乐部远非秘密场所,俱乐部用字母广告灯宣告自己的存在

聚会继续进行

当其他的地下酒吧被封锁时,哈莱姆的传奇棉花俱乐部里总是欢声笑语

"任何一个私贩都是我的朋友,所以总能买到一瓶好酒。"布鲁斯皇后贝西·史密斯唱道。在哈莱姆区最热闹的地下酒吧棉花俱乐部的舞台上,就算听到她大声唱《我和我的杜松子酒》,也完全不会觉得突兀。整个禁酒时期,来自市中心曼哈顿的高级赞助人拥入俱乐部畅饮,观看最新的舞蹈,欣赏爵士乐时代最伟大的音乐家的表演。虽然棉花俱乐部给了像艾灵顿公爵、卡布·卡洛威和埃塞尔·沃特斯等人崭露头角的机会,但歹徒奥尼·"杀手"·马登的传奇夜总会的故事却乏善可陈。

棉花俱乐部最初是个豪华俱乐部。它位于莱诺克斯大街142号拐角处,哈莱姆区的中心。它的主人是杰克·约翰逊,第一位非裔美国世界重量级拳王。1920年,棉花俱乐部开业,随着禁酒令开始实施,豪华俱乐部升级为私密的晚餐俱乐部。在这里,顾客可以在轻松的气氛中享受歌舞表演与美食。然而,奥尼·马登(后来被当局

哈莱姆文艺复兴

禁酒时期见证了美国黑人艺术的繁荣,黑人艺术家在纽约市中心尤为活跃

诗人兰斯顿·休斯将棉花俱乐部描述为"黑帮和白人的种族歧视俱乐部",虽然在媒体上公开批评杀手马登的俱乐部似乎很危险,但休斯对哈莱姆区中心的白人夜总会非常反感,面对如日中天的哈莱姆文化,他忍不住发泄心中的不满。

从20世纪20年代起,哈莱姆文艺复兴时期见证了颂扬黑人自豪感的艺术繁荣。虽然像韦伯·杜·波依斯这样的社会活动家塑造了这个时代的政治,但这个时代从来不是只受某一种思想主导,而是百家争鸣。艾灵顿公爵、法特·沃勒、弗莱彻·亨德森和贝西·史密斯等音乐家定义了这个时代的音乐,开创了爵士乐和布鲁斯音乐的先河。休斯、克劳德·麦凯和杰西·雷德曼·福塞特等作家发表了诗歌、小说和杂志文章探讨黑人的地位。《尤比·布莱克》和诺贝尔·西斯勒的《随波逐流》等音乐剧红极一时。1929年,华莱士·瑟曼和威廉·拉普的《哈莱姆》甚至登上了百老汇的舞台。剧作家威利斯·理查森在他的独幕剧中为黑人演员提供了更为严肃的角色,克雷格瓦剧院也为黑人演员提供了机会。

棉花俱乐部可以说是利用这种文化复兴达到了自己的目的,但禁酒令确实一直有助于哈莱姆区的文艺复兴。1929年的华尔街金融危机让许多人破产,但富有的白人赞助人在寻找饮品的同时也确保直到20世纪30年代中期,仍有观众观看黑人的表演。

▲ 兰斯顿·休斯在哈莱姆市中心的房子外面摆着姿势

称为2号公敌)从辛辛监狱获释后,这种状况并没有持续太久。

1892年,欧文·马瑟斯出生于英国利兹的一个贫困的爱尔兰家庭。1901年,年幼的他被送到纽约市的姑妈家居住。他在被工薪阶层的爱尔兰裔美国人统治着的曼哈顿街区"地狱厨房"长大,并被重新赋予了"奥尼"的名字。14岁时,他与一个叫"地鼠"的街头帮派有所牵连,这个帮派从抢劫到卖淫无恶不作。他通过勒索保护费每天挣200美元,相当于今天的2500美元。18岁时,他获得了一个新绰号"杀手"。他因在街中央枪杀一个意大利黑帮成员获得了"游击队员"的称号。后来他骄傲地吹嘘道:"我是第十大道的奥尼·马登!"杀戮就在街中央,但并没有目击者站出来发声。

到1914年,马登已经成为造成另外5名敌对帮派成员死亡的嫌疑人,他被捕44次,但从未被定罪。直到黑帮"哈德逊除尘器"的一名干将小帕特西·道尔被杀,情况发生了变化。坚称无辜的马登被判处10至20年监禁,但保持低调行事让他在1923年获得假释。那时,地鼠帮已经解散了,但走私为马登提供了一个新的机会。他开

始为大比尔·德怀尔卖命。

德怀尔是一个靠朗姆酒走私发财的爱尔兰码头工人。通过走私和稀释来自欧洲和加拿大的违禁酒，德怀尔赚得盆满钵满。他不仅用这些钱贿赂警察和海岸警卫队成员，还在长岛买了一套房子，在曼哈顿购入顶级房地产，甚至还购入了一支曲棍球队。德怀尔见识过马登的手腕，把他当作合伙人，要他保护自己的货物，确保不会被竞争对手劫持。

马登从另一个叫"大法国人"德曼奇的匪徒那里得到投资，买下了这家豪华俱乐部。虽然马登很可能强行逼迫杰克·约翰逊放弃他的俱乐部，但双方达成了一项协议，允许这位拳击手留下。约翰逊会撑起酒吧招待客人，有时他仍自称是经理。然而，究竟谁是俱乐部的真正负责人，这一点是毋庸置疑的。

这家夜总会关闭了一年，马登对它进行了整修，两排桌子被摆成同心的马蹄形，房间四周的墙壁上挂满了装饰物。乐队演奏台是一座南方种植园豪宅的复制品，台四周有白色的大柱子，背景画上是垂柳和奴隶市场的景象。乐队在豪宅的阳台上演奏。再往下走几步就是舞池，这里也是现场表演的场所。

棉花俱乐部装饰的种植园主题延

> 艾灵顿公爵的真名是爱德华·肯尼迪·艾灵顿，但因其风度翩翩而被称为"公爵"

▲ 卡布·卡洛威带领乐队在棉花俱乐部举行的1937年新年庆典上表演

伸到了马登严格的种族隔离政策。虽然俱乐部位于哈莱姆区的中心地带，招牌是黑人表演，但顾客全是白人，甚至连头牌表演者的家人也都不被允许进来。合唱团的女孩们必须像广告上承诺的那样，"身材高挑，肤色棕褐，歌声动人"！也就是说，她们必须至少167厘米高，肤色较浅，21岁以下。男女舞者都打扮成异国的野蛮人，甚至是种植园工人。

这家夜总会晚上9点开业，晚餐和舞蹈表演时有音乐助兴。午夜刚过，第一场现场演出就开始了，最后一场精心编排的歌舞表演在凌晨3点结束。棉花俱乐部本来是马登洗钱的掩护，其业务范围从走私禁酒延伸到非法赌博、敲诈勒索和

当时，奥尼·马登在纽约市拥有14家夜总会，棉花俱乐部是他的掌上明珠

操纵拳击比赛之外。然而，迅速崛起的犯罪头目忍不住暗中贩酒。饮料包括马登1号，一种他在曼哈顿市中心自作主张酿造的啤酒，生产地点是他与德怀尔共同创建的占地一个街区的啤酒厂。

1927年，艾灵顿公爵管弦乐团作为常驻乐队在棉花俱乐部首演。乐队领唱的大礼帽和燕尾服提升了俱乐部的档次。此间，他还创作了一些职业生涯中最著名的作品。这些表演节奏明快且让人回味，但每6个月才会推出全新的节目。合唱团的台词让年轻的约瑟芬·贝克体验了异国舞蹈的风味。在幕后，包括多萝西·菲尔兹和吉米·麦克休，以及哈罗德·阿伦和特德·科勒在内的百老汇和锡盘巷顶级作曲家为棉花俱乐部创作了热门歌曲。

当非法售酒泛滥的时候，棉花俱乐部明目张胆地开设了现场广播节目。这些节目先后在世界卫生网络和美国全国广播公司每周播出，使俱乐部及其音乐家在全美声名远扬。1925年，地下酒吧被短暂封锁，但马登的政治人脉令它很快又重新开放。

随着棉花俱乐部的名声扩大，越来越多的名人和社会名流出现在那里，影星朱迪·加兰、作曲家乔治·格什温和纽约市长吉米·沃克都是常客。黑社会的富人和权贵也来凑热闹，还有吉诺维斯犯罪家族的卢西亚诺、"荷兰人"舒尔茨和

▲ 在巴黎演出崭露头角之前，年轻的乔斯平·贝克还在棉花俱乐部演出过

杰克·"腿"·戴蒙德等犯罪头目。

马登甚至与影星梅·韦斯特有过一段恋情，梅·韦斯特的朋友称其为"最火爆的恋情"。马登进一步模糊了事实与幻想之间的界限，甚至帮助他的司机乔治·拉夫特进入加州成为电影明星。拉夫特后来在几部好莱坞电影中扮演歹徒，其中包括1932年的《伤疤脸》——这部电影大致改编自艾尔·卡彭的沉浮人生轨迹，还有玛丽莲·梦露参演的喜剧《热情如火》。

棉花俱乐部在禁酒令结束后仍在继续营业，1935年哈莱姆种族暴动后，它又迁往曼哈顿中城剧院区。奥尼·马登同年离开了纽约，因为他再次面临警方的搜查，而意大利黑手党侵犯了他的领地。他退居到阿肯色州的温泉城，在那里娶了一位邮政局长的女儿，于1965年去世，享年73岁。

邻近小天堂俱乐部的侍者们边摆桌子边跳查尔斯顿舞

棉花俱乐部的明星

许多伟大的艺术家为地下酒吧提供晚间娱乐

艾灵顿公爵

杜克管弦乐队是1921—1927年棉花俱乐部的常驻乐队。俱乐部的无线电广播使艾灵顿在全国范围内声名远扬，而《情绪靛蓝》、《黑色和棕色的幻想》、《克里奥尔情歌》和《节奏摇滚》都是他的乐队在那里演出的经典曲目。

卡布·卡洛威

1930—1934年，卡洛威和他的管弦乐队在棉花俱乐部演出。在摇摆乐时代，卡洛威是为数不多的几个担任大乐队指挥的非乐器演奏家之一，他是一位极具创造力的拟声演唱歌手。他最受欢迎的作品讲述的是哈莱姆区的低俗生活和毒品文化，比如《乞丐米妮》和《大麻人类》。

路易斯·阿姆斯特朗

"大嘴先生"以在哈莱姆区的康妮旅馆的演出而闻名，康妮旅馆是棉花俱乐部最大的竞争对手，为黑帮人员达基·舒尔茨所有。然而，阿姆斯特朗确实不时地在棉花俱乐部吹小号，在那里他遇到了第4任妻子露西尔·威尔逊，她曾是俱乐部合唱队的成员。

埃塞尔·沃特斯

禁酒时期，这位歌手和女演员在整个哈莱姆区演出，20世纪30年代，她在棉花俱乐部凭借热门单曲《暴风雨》轰动一时。正是这样的演出让欧文·柏林在1933年请她出演音乐剧《万人欢呼》，她也借此机会在百老汇崭露头角。

比尔·"炸鸡"·罗宾逊

这位歌舞杂耍明星以快速的踢踏舞而闻名于世，表演上下楼梯时的舞步尤为精彩。他与卡洛威曾同时在棉花俱乐部演出，也曾登上百老汇的舞台，后来成了一个家喻户晓的明星，并在《小上校》中与秀兰·邓波儿共舞。

真正的
大西洋帝国

发现禁酒时期大西洋城和伊诺克·"纳吉"·约翰逊的触角式走私网络背后的真相

1919年获批的《第十八修正案》规定："禁止国内制造、销售或运输酒类，同时禁止进出口酒品。"尽管这一规定的出发点是对酗酒弊病的高尚关怀，但是执法带来的是骚乱而非高尚的行为。1914年的《哈里森法案》和1924年的《海洛因法案》也是同样的——禁酒并没有治愈已经染上酒瘾的人，也没有改变一直以来的供求关系。所以，当酒水倒进聚会的杯子里，鸦片流过瘾君子的血管后，走私者和毒品贩子便会财源滚滚。

血色惨剧

7名男子按照持枪"警察"和"便衣警察"的命令行事，把手放在芝加哥北区安全管理中心车库的后墙上。几秒钟后，他们都感觉到了子弹和弹片穿过身体的疼痛感。1929年情人节大屠杀的唯一幸存者是一只名叫海波的德国牧羊犬。

▲ 1929年，"纳吉"·约翰逊、艾尔·卡彭和他的走私伙伴们走在海边步道上

▲ 1932年纽约和芝加哥暴徒会议。左起：保罗·里卡、萨尔瓦托·阿戈利亚、"幸运"·卢西亚诺、迈耶·兰斯基、约翰·森姆纳和哈里·布朗

调查人员本身并不需要证人的证词；暴行的幕后黑手究竟是谁，昭然若揭。凄惨死亡和濒死（其中一人死于医院）的受害者都是"疯子"莫兰北部帮的成员，或与之有关联，该帮派是艾尔·卡彭组织的主要竞争对手。帮派斗争在芝加哥很普遍，这次却相当例外，在报纸上读到这一消息的人无不心生惊惧。卡彭的同僚们更是感到恐慌，他们与执法部门的想法一致——必须采取一些措施。这些措施最终会牵扯到一个大西洋城的大人物。

消逝于黑暗中

1968年12月9日，这位85岁的前大西洋城无可争议的"老板"经历众多病痛后，在新泽西州的疗养院悄然去世。伊诺克·"纳吉"·约翰逊的一生漫长而戏剧化。他年纪轻轻就经历了失去发妻的切骨之痛，入道后蹿升很快，每一步都褒贬不一，大胆叛逆的外表下隐藏着秘密。他在联邦监狱里待了几年，1945年获释后，纳吉不再是头条新闻。但是他的死毫不意外地成为热议话题，激起了媒体对一段有争议历史的回忆。然后，和大多数热点话题一样，他的名字和传奇再次淡出公众视野。直到2010年一部广受好评的电视连续剧首映，人们才开始重新关注伊诺克·"纳吉"·约翰逊的故事。

大西洋城老板

历史中的阴暗面往往是事实研究、加工后的传说故事等领域关注的最佳主题，更不用说它在书籍、电影和电视中给大众提供的娱乐——它们的自由言论模糊了可信与可疑之间的界限。

现实生活中的"纳吉"·约翰逊在他的职

业生涯中获得了许多职位，最引人注目的是从治安官到共和党老板再到镇上所有事情的负责人。在整个升职过程中，他激怒了整个民主党以及一些不遵循纳吉办事方式的共和党人。他是一个分裂的人，亦正亦邪、奢侈、吵闹且阴暗，但也是唯一一个对任何处境艰难的人都施以援手的人。这种力量和影响力使得他在自己的领地里顺风顺水，但也不乏那些试图让他失势的执着批评者。除了无视法律准则和反对者之外，"纳吉"·约翰逊毫不掩饰对某些规则的不屑。"我们有威士忌、葡萄酒、女人、歌曲和老虎机，"约翰逊曾引用道，"我不会否认，也不会为此道歉。"

黑帮猖獗

"纳吉"的世界是由万能的美元和供求关系推动的。20世纪二三十年代，人们蜂拥到纳吉叱咤风云的海滨城市，把钱花在他制造的恶习上。尽管社会上明显无视禁酒令，但新修正案的铁杆支持者仍然存在，他们希望人们至少给这项法律一个机会。基于这一信念，24名商人——其中包括亨利·福特和托马斯·爱迪生——于1929年签署了一封致美国人民的公开信。

"如果他们选择他们要执行的法律，或者公民选择他们要遵守的法律，我们的整个自治制度就会崩溃。如果只有罪犯光顾，非法酒类的交易就很少了。我们必须清醒地认识到，大量守法公民的光顾提供了回报并助长了犯罪。我们认为禁酒令应当得到公正的审判……"

这条消息显然想打一张体面的牌，但这次企图失败了，然而在"刺激犯罪"方面他们的看法是正确的。酒不是万恶之源，钱才是。那些恶棍和不法分子就是为了钱而战。抢劫货物，谋杀竞争对手，扰乱航道，甚至危险的蒸馏非法酒都是困扰整个社会的问题。1929年情人节，犯罪竞争对手之间的流血冲突、内讧和领土争端显然达到了顶点。然而，芝加哥发生的棘手事件只是众多与帮派争斗有关的黑社会暴行之一。这场暴力事件是一个全国性的问题，迫使所有主要的暴徒头目迅速采取一些破坏控制行动。更糟糕的是，至少对非法实体而言，这一事件完全坚定了执法部门的决心。这对生意很不利。这就是伊诺克·"纳吉"·约翰逊和艾尔·卡彭产生交集之处——至少传说是这样的。

大西洋城董事会

鉴于情人节大屠杀给几乎所有美国罪犯带来的尴尬危机，解决问题的计划迅速启动。威望、严苛而琐碎的管理和优越的地理位置使"纳吉"·约翰逊在20世纪的政治舞台上拥有了一席之地，他也是黑帮圈子里台面上的大人物。此外，纳吉控制下的大西洋城流传着纳吉的"无所不能"原则，人们向他寻找栖身之所也是顺理成章的事情，在那里，禁酒令下的犯罪王国可以提供慰藉、消除分歧并制定一些规则。

1929年5月13日至16日，敲诈团伙的霸主在大西洋城集结。作为20世纪三大暴徒大会中的第一次，这一事件被载入史册，也被一些历史学家认为是三次会议中最重要的一次（1946年哈瓦那和1957年阿帕拉钦是另外两次），可能也是规模最大的一次。受邀者来自中西部、新英格兰、费城、纽约，可能还有佛罗里达。犹太人和意大利人暴徒头目们在他们的亲信顾问和保镖的陪同下蜂拥至布里克斯酒店。英国的管理层没有让意大利人和犹太人入住这间豪华酒店，导致酒店大堂一片混乱。奇怪的是，纳吉的影响力丝毫无法动摇酒店的种族偏见，他被迫将他们转移到总统酒店。刚一安顿下来，这伙人便坐在会议室进入正题，他们签订了一项协议，享受约翰逊控制下的这座非传统城市的众多"便利设施"。故事的情节大概如此。

诡计

活动成功了吗？从性质上讲，有一些成果被认为是为期三天的暴徒集会的直接或间接结果。第一个也是最紧迫的结果在首脑会议结束时便立即生效。卡彭和他的保镖很快前往费城，以便使自己在那里"可以"被逮捕。按照这伙坏蛋有条不紊地设计并一致通过的计划，偷偷携带手枪的卡彭和弗兰克·克莱恩（又名里约）将因武器被捕起诉，在监狱服刑一小段时间暂避风头，以期与大屠杀有关的一切烟消云散。费城警方自然对这样一个万事通大人物的轻松被捕和合作产生了些许怀疑。拘留期间，卡彭甚至透露了他在大西洋城逗留的一些细节。他漫不经心地向公共安全主管LB.斯科菲尔德提到自己在总统酒店与其他敲诈勒索者讨论和平协议的情形。斯科菲尔德的好奇心立刻被激起，他请求卡彭进一步说明。

"在虚线上签名，"卡彭说道，"出于在芝加哥各帮派之间实现和平的想法，我在大西洋城待了一个星期，得到了每一位帮主的承诺，即不再发生枪击事件。"

卡彭被判入狱后不久，有关大屠杀的所有炒作都消失了，这或许有点夸张，但这是意料之中的事——疤脸按照计划一一照做了，黑社会的热度冷却到足以让暴徒们把注意力转移到其他大事上。主要的例子包括"七大集团"的形成（这本身就是一个阴暗的故事），以及随后如日中天的"国家犯罪财团"。不过，最终最大的结果与黑帮生意无关。这一事件被人们口耳相传数十年。相对于大西洋城黑帮峰会，卡彭的"和盘托出"作为一个独立的故事广为流传，并在未来岁月里继续发酵。

▲ 成堆的酒瓶和一桶被没收的威士忌，其中大部分经由加拿大海岸运达大西洋城

> 大西洋城的局势要求我们对伊诺克·约翰逊和其他人的活动进行彻底的调查。
>
> ——犹他州参议员威廉·H. 金，1928年

潘多拉的魔盒

这些真的发生了吗？签署协议的帮主都是谁？对于这些问题，众人似乎莫衷一是。一个世纪后，大西洋城暴徒大会的神话仍然激起了无尽的猜想、争论和辩论。这是大西洋城里1929年5月13日至16日发生什么或没发生什么的三个主要说法。

仅限站位：伊诺克·"纳吉"·约翰逊在大西洋城举办了为期三天的峰会，招待了所有中西部和东海岸知名黑帮人士。

目的：解决领地争端、进口、回报、分销及芝加哥的某些具体问题——卡彭帮派和"疯子"莫兰北部帮的对立。

有限的接触：约翰逊促成了一次主要由芝加哥黑帮参加的会议。

目的：解决卡彭的帮派和其他中西部走私犯，尤其是"疯子"莫兰之间的问题。

没有迹象：作为全部走私活动的关键人物，约翰逊可能认识并偶尔会见黑帮帮主，但根本没有任何可核实的证据表明1929年5月在大西洋城举行过任何黑帮会议。

如果你相信大西洋城挤满了美国的头号黑帮头目，那么纽约的黑帮应该占据了其中的大部分席位，其次是芝加哥、新泽西、费城等。出席的头目包括查尔斯·"幸运"·卢西亚诺、迈耶·兰斯基、乔·阿多尼斯、弗兰克·科斯特洛、弗兰克·埃里克森、"荷兰人"舒尔茨、本杰明·"巴格斯"·西格尔、艾布纳·"朗吉"·茨威尔曼、威利·莫雷蒂、艾尔·卡彭、查尔斯·"国王"·所罗门、"疯子"莫兰，最后牵线搭桥的人——约翰尼·"狐狸"·托里奥。另外，根据《芝加哥论坛报》随后刊登的报道，卡彭所说的"帮主"都是芝加哥人。唯一一个提到过的非芝加哥人是约翰尼·托里奥（严格意义上说，他一度被认为是当地的黑帮分子）。

"是的，他们都在那里。"亚瑟·纳什说，他是《纽约黑帮》的作者，也是一位稀有黑帮文物的收藏家。"卡彭，卢西亚诺，还有其他的人。"他明确指出有足够的证据证明这一点，其中最重要的是一张由西罗·"洋蓟王"·特拉诺瓦的亲戚拍摄的家庭照片，这张照片在2006年引起了他的注意。他说，在这张照片里，"卡彭、卢西亚诺和西罗·特拉诺瓦一起在酒店游泳池里"的图像清晰可见。纳什写道，这张照片丢失或被盗了，但一份副本随后出现在互联网留言板上。这张照片后来在照片原主人的要求下被删除。

"有个摄影师拍到我和艾尔·卡彭在一起。从现在开始，我要小心了。"伊诺克·"纳吉"·约翰逊拒绝了记者的拍照要求。

当然，还有一张标志性的《纽约晚报》照片，照片中一位面带微笑的随行人员在海边步道上漫步——卡彭和约翰逊是最引人注目的焦点。从这一证据来看，全国势力会议的说法和芝加哥势力会议的说法都讲得通。也有人质疑这张拍摄

▲ 禁酒令最盛时期,熙熙攘攘的大西洋城海边步道

于1930年的照片，他们中的许多人质疑大西洋城会议是否仅是别有用心的记者和狂热的历史作家的产物。不同意见源于这样一个事实：该刊物是威廉·兰多夫的核心杂志，以印刷反纳吉作品闻名，而这张照片可能是该报合成的。支持这一说法必须考虑到照片的时效性或卡彭与费城警方的对话。然而最终，大多数历史观点都支持这样的看法：1929年5月，大西洋城召开了为期三天的会议，要么是全国黑帮大会，要么是芝加哥黑帮大会。

终审课税

约翰尼·托里奥，很多人都认为他最有资格控制所有暴徒活动（也可能是大西洋城会议期间的"真正"主宰者），他和他的徒弟艾尔·卡彭一样，受到了逃税的打击。1939年，对托里奥的审判不仅暴露了他未报告的收入，还抖出了"七人组"和黑社会头目的名字，顺便说一句，这些名单中的大多数人也被认为参加了1929年的犯罪大会。一系列的知情人士泄露了暴徒内部的许多秘密，尽管如此，托里奥仍然保持着冷静，他看到了不祥之兆，改变了供词并缴纳了巨额罚款，还接受了不算长的23个月的监禁。当人们问到是什么使他改变了供词时，他回答说："是托里奥夫人叫我这么做的。"

伊诺克·约翰逊多年来一直受到政府的追踪。但令人失望的是，他成功躲过了长达20年的严厉追查。从银行家到警察，每一个人都在他的控制之下，这使得他的大部分非法活动得以顺利进行。调查人员对纳吉的许多手下施压，直到摇摇欲坠的组织开始崩溃。只需要一个人开口说话，事情就将迎来转机，和他的帮派伙伴一样，如果唯一的办法是通过税务员，那么就这样吧。他知道，纳吉这次不会大意了。1941年，他因没有缴纳12.5万美元的税款而被定罪。在宣判的前一天，约翰逊与他的未婚妻歌舞女郎弗洛伦斯·奥斯贝克结婚，并向客人宣布："尽情吃喝享乐吧，因为明天我们可能会进监狱。"一周后，他开始在莱文沃斯联邦监狱服刑，结果只在那里待了4年。

犯罪与禁酒令

- 121　禁酒令与美国犯罪的变脸
- 131　禁酒与暴徒
- 143　头号公敌艾尔·卡彭
- 152　从谋杀到屠杀
- 159　埃利奥特·内斯的沉浮人生

▲ 歹徒们在芝加哥的一所监狱里排起了长队（从左到右）：迈克·比扎罗、乔·艾罗、乔·布比内罗和尼克·曼泽洛

禁酒令与美国犯罪的变脸

禁酒令见证了美国各地黑社会犯罪的蔓延,这些犯罪为黑手党和现代犯罪集团奠定了基础

尽管禁酒运动成功地促成了《第十八修正案》和《沃尔斯特德法案》,从而禁止了酒精饮料的生产、销售和运输,但数百万美国人仍然想喝啤酒、葡萄酒和烈性酒。在边境地区,酒类一直是人们日常生活的主要组成部分。美国是一个移民国家,移民人口一直在增长,喝酒本是很多欧洲文化的一部分。

移民们常常从事相当辛苦的职业,长时间的工作为美国的工业繁荣提供了动力,辛苦劳动了一天后,他们想喝一杯酒放松心情。对酒的持续需求推动了禁酒时期酒类的非法生产和销售,这种行为后来被称为"走私"。这一现象推动了地下酒吧的兴起——地下酒吧是专为饮用烈性酒而成立的非法秘密机构。

非法酒品的生产、采购和分销扩展到大企业,鉴于这个横跨全国的新行业所提供的广度和财富潜力,犯罪团伙很快抓住这一行业的龙头也在情理之中。事实上,禁酒令时代改变了美国全境有组织犯罪的本质。

当然,自第一批定居者来到美国,犯罪就在这里盛行。有人、有法律的地方,总会有罪犯和黑社会活动。

对于禁酒时期前的黑帮犯罪团伙来说,最有利可图的非法活动主要涉及赌博、卖淫等堕落行为及劳动力市场。

滥用劳动力市场就是一个很好的例子。这些帮派利用他们的规模和影响力,很快招徕众多喜欢挥舞拳头的流氓,并派他们组成工会,强行介入现有的机构,从而确保对特定地区劳动力市场的控制。马龙·白兰度的经典电影《在海滨》讲的就是这类故事。一旦黑帮控制了劳动力市场,他们就可以通过收取会员费以及从依赖他们信誉的雇主那里获得回扣,提高会员的会费并增加利润。如果没有劳动力,雇主们根本没有生意可做。

在美国第二大城市芝加哥,黑帮老大马

> 1927年,底特律的非法酒类生意是仅次于汽车制造业的第二大产业

新闻遍是犯罪事

禁酒令和美国犯罪面貌的变化与小报媒体的兴起同时发生

20世纪初,黑社会与美国新闻界几乎同生共存。随着时间进入20世纪20年代,报纸需要黑帮制造话题。这些危险人物是夜生活和娱乐业的代名词;每当联盟破裂或消失,这群衣冠楚楚的黑帮成员都会进行一番火并激战——这是新闻编辑的顶级素材。

当然,黑社会和新闻界的关系早于禁酒令,因为犯罪故事有助于推销报纸。但在1900—1913年的发行量之争中(尤其在芝加哥),两者紧密地结合在了一起。在美国的第二大城市,迪安·奥巴宁、莫斯·恩赖特、麦克兰兄弟和科洛西莫帮派的多位成员作为雇用打手为《芝加哥美国报》和《芝加哥论坛报》等日报服务。报纸为推销业务、击败竞争对手,发动了实际意义上的争斗,据说多达40人在这场旷日持久的争斗中死去。

后来,随着禁酒令出台,小报媒体诞生了,这一现象始于1919年《纽约每日新闻》的创办。这些渴望轰动效应的媒体试图在成堆的尸体上建立它们的读者群,这些尸体是禁酒令的牺牲者,也是黑帮的衍生物。

词典编纂者弗莱克斯纳写道:"报纸开始谈论雇佣鱼雷、扳机人、大猩猩和棍棒,以及他们使用的菠萝和汤米枪。"当然,艾尔·卡彭的恶名很大程度上源于他愿意给新闻记者爆料。当被问及与美国北部边境酿酒商的关系时,他嘲笑道:"加拿大?我都不知道加拿大在哪条街上。"

▲《纽约每日新闻》与禁酒令一起诞生。该刊物倾向于报道黑帮故事

▲ 歹徒弗兰基·耶鲁被驾车经过的敌对团伙击毙

丁·"瘦子"·马登成为第一个主要的劳工敲诈勒索者,以"苔藓"恩赖特和"诡计"谢伊为首的帮派很快加入了他的行列。1905年,谢伊的帮派组织了一次为期105天的罢工,使得主要工会国际卡车司机兄弟会和其他芝加哥企业损失了900多万美元,同时至少21人死亡、400多人受伤。

然而,真正助长黑帮势力的是禁酒令。随着禁酒令的实施,许多现有供应商选择遵守,而犯罪团伙则违抗了这一法律。他们不仅借机发财,还与他们身边的贪官、政治家和法律工作人员狼狈为奸。为了促成腐败分子筹集必要的资金以资助和控制非法酿酒这样复杂的行业,需要动用一定数量的流动资金,还需要大量的劳动力。这就为黑社会势力提供了滋生的土壤。同理,个体或低端诈骗犯也因此永远无法与黑帮势力竞争。组织严密的黑帮很快就意识到,他们可以控制整条非法经营链,从隐藏的酒厂和酿酒厂到储存和运输渠道,再到地下酒吧、餐馆和夜总会等零售场所。

在禁酒令生效之前,犯罪活动就组织得很好。1919年,芝加哥犯罪委员会主任亨利·B.

随着禁酒令的实施,许多现有的供应商选择遵守,而犯罪团伙则违抗了这一法律。

水上谋杀

酒类走私船上发生了多起黑社会引发的惨剧，约翰·德怀特的恶意凿船就是一个很好的例子

大西洋沿岸的酒类走私船是禁酒时期走私者的一条获利渠道，据说佛罗里达船长威廉·麦考伊是这一非法贸易的先驱，他驾驶一艘满载1500箱酒的帆船从英国殖民地巴哈马的拿骚前往萨凡纳，并由此把1.5万美元的利润收入囊中。到了20世纪20年代中期，黑社会纷纷意识到这一行业的意义，一些恶性事件接踵而至。

1923年，一艘107英尺长的蒸汽拖网渔船"约翰·德怀特号"经由马萨诸塞州玛莎葡萄园附近的"朗姆酒巷"运送几桶加拿大产的啤酒时被凿沉，这预示着一件大事即将发生。船员们被其他走私犯（也可能是一个更大的犯罪组织团伙）劫持，遭遇了可怕的命运。海盗们似乎专为他们携带的10万美元现金而来。

8名船员的尸体被冲到了梅内姆沙村的海里。后来人们在一艘随波逐流的小船上发现了船长的儿子，他的头骨已经破裂。

为此，政府招募了4000名据说不会被收买的海岸警卫队，但每个月只为他们发放36美元左右的薪水，这实在是异想天开。因而，大西洋海岸仍然在美国走私网络的控制下。

▲ "约翰·德怀特号"在经过玛莎葡萄园附近的"朗姆酒巷"时被凿沉

▲ 马龙·白兰度拍摄的电影《在海滨》，聚焦于劳工被敲诈勒索现象，这是禁酒令实施前黑社会最热衷的行径

张伯伦发现，"现代犯罪和现代商业一样，正趋向于集中化、组织化和商业化"。而管理妓院和赌场时所学到的技能同样适用于其他营生，任何经营过多家妓院或赌场的帮派都知道如何在不同地点为各种不同的场所提供服务。

他们知道如何处理大笔现金，如何保护自己的利益，如何伤害敌人。所有这些技能都对大型走私活动的运作至关重要。

尽管在禁酒令前，黑帮有长期参与的犯罪活动，但走私业务可以带来更多利润，敲诈勒索和赌博等传统业务成为许多酒类业务的副业。在芝加哥，大多数大帮派都收回了诈骗和卖淫业务，后者仍然是许多芝加哥市民的禁忌。当然也有例外。尽管芝加哥北部帮头目海米·韦斯回避卖淫，但臭名昭著的托尼·科洛西莫帮派及后来卡彭的帮派却乐于从色情事业中获利。不过，据《芝加哥每日新闻》估计，芝加哥市黑社会1930年的收入总额为3.26亿美元，其中一半以上（1.83亿美元）来自走私——啤酒1.03亿美元、烈酒5600万美元和纯酒精2300万美元。

许多历史学家认为芝加哥是禁酒时期走私活动的中心。1926年4月，另一家主流报纸《芝加哥论坛报》估计，全国酒精饮料非法销售额为36亿美元，其中芝加哥的非法销售金额为2亿美元，占总数的5.6%。该报还指出，禁酒令执行者指定芝加哥西部的西塞罗郊区是

> 底特律的黑帮势力变得如此强大，胡佛总统甚至想动用军队来控制他们的势力

▲ 1929年纽约市，一名酒品走私犯被一个敌对团伙的成员枪杀

"美国最不支持禁酒的地方"。当然，西塞罗区位于芝加哥中心位置，毗邻加拿大且靠近巨大的密歇根湖，这使它成了建立非法酿酒帝国的理想场所。随着利润的增加，帮派扩张地盘的企图也随之膨胀。渐渐地，不同城市的黑帮开始相互合作。

贩酒业成熟的关键是交通。正因如此，酒类行业才能从更成熟的黑帮生意中脱颖而出。发达的交通使私贩的生意覆盖了领地的每一个角落。一旦获得交通工具，他们就会建立联盟。芝加哥的加拿大威士忌的运输渠道是底特律的紫色帮，他们有办法将威士忌直接运达美国北部地区。在克利夫兰，暴徒莫伊·达利茨利用飞行器和船将酒运过伊利湖，然后通过俄亥俄州和宾夕法尼亚州的同伙分销他的产品。他还与纽约的迈耶·兰斯基建立了合作关系。兰斯基开始在威廉斯堡大桥下的汽车卡车租赁公司兜售酒。

尽管这些合作关系很难管理，但对大酒贩子而言至关重要，他们开始筹办会议以维持和平。一次，来自纽瓦克、纽约、芝加哥、克利夫兰和费城的黑帮成员聚集在大西洋城的总统酒店开会。会上，他们划定了地盘并授予了领地专有权。正如作家兼禁酒令研究专家丹尼尔·奥克伦特所言，"这种安排将进一步发展为正式的合作关

> 禁酒令期间酒类交易的巨额利润让黑帮赚得盆满钵满。黑帮成员弗兰基·耶鲁的坟墓里是价值1.5万美元的银棺材

20世纪20年代末到30年代初，意大利黑手党在纽约的系统行动催生了美国黑手党犯罪集团。

系。"为了说明自己的观点，他提到了兰斯基、纽约同乡"幸运"·卢西亚诺、纽瓦克的"朗吉"茨威曼、波士顿的"国王"查尔斯·所罗门和普罗维登斯的丹尼尔·沃尔什之间形成的企业联合，他们控制了波士顿和费城之间整个非法酒类交易网络。芝加哥的约翰尼·托里奥帮助他们完成了这笔交易并获得每月5000箱酒的丰厚酬劳。

硬汉组成了黑帮的武装力量，其中许多人在第一次世界大战期间曾在潘兴将军的美国远征军中服役并接受武器训练，黑帮的行动近乎军队般精准，内部形成了军队式的等级制度，要求成员像士兵一样服从命令。

很多情况下，黑帮通过家庭关系得以维系，兄弟、连襟和表兄弟都在黑帮老大周围聚集。根据《艾尔·卡彭的啤酒大战》一书作者约翰·宾德的说法，意大利人主导的走私团伙比他们的对手更专注，甚至更专业。

当然，走私团伙的崛起是迅速的。早在1923年，《纽约时报》就曾撰文提到这名黑帮分子，声称"他喜欢暗地里开枪，尤其喜欢从背后开枪"，接下来的一年，在距离国会大厦仅几个街区的地方，佛蒙特州参议员弗兰克·格林遭遇了一场走私犯和禁酒探员的交火并受重伤。

一系列赫赫有名的黑帮成员在禁酒令时期家喻户晓，20世纪20年代末到30年代初，意大利黑手党在纽约的系统行动催生了美国黑手党犯罪集团。的确，由于他们的非法行为和由此形成的机枪暴力生活模式，致使黑帮以一种特殊的身份出现。

与此同时，越来越多的小报媒体为了推动销量而大肆渲染暴徒们的生活，好莱坞重量级人物霍华德·休斯（制片人）和霍华德·霍克斯（制片人兼导演）在1932年发行了《疤面人》，这部影片改编自卡彭生平。在禁酒令颁布之前，黑帮老大们在社会边缘活动，潜伏于不为人知的世界中。他们远离家庭，而新人并非如此。毕竟，正如历史学家马克·哈勒所写，这些走私犯虽然是罪犯，但"也有顾客，不是只有受害者"。

黑帮团伙并非走私的唯一获利者。监管这些骗子的人也收受了巨额贿赂。律师帕特·罗什在《芝加哥论坛报》上说，"一个凭良心做事的一条腿禁酒探员骑着自行车半天之内就能把环路

▲ 艾尔·卡彭是有史以来影响力最大的黑帮分子。他发迹于禁酒时代

▲ 禁酒期间，当局试图控制黑社会犯罪，可终究一败涂地

（芝加哥当年臭名昭著的地区）搞定。"这一描述或许相当接近现实。然而奸诈之举能带来的报酬却丰厚许多。腐败问题在美国由来已久，然而在禁酒期间，腐败成了现象级问题。莫里斯警长透露了走私腐败的严重程度，他说："我听到的消息和谣言称，芝加哥警力中50%的人深度参与了非法出售或运输酒的活动。"与此同时，代表北伊利诺伊州的美国司法部长估计，1926年的回扣量为3000万美元。纽约州和宾夕法尼亚州是早期的禁酒倡导者，一名法官和一名州参议员上任一年内就因腐败而受到起诉。

丹尼尔·奥克伦特记录了在西德尼浸礼会教堂前，国会议员、俄亥俄州禁酒倡导者约书亚·E.罗素向听众颂扬遵纪守法的美德，但与此同时，他的亲信们从特洛伊镇的一家酒厂转移了近22500加仑的酒品。

尽管腐败的立法者和执法者可以通过各种方式帮助黑帮，但黑帮却不能依靠民事法律部门解决内部纠纷。"当有竞争的时候，肯定会有一些小争执，"艾尔·卡彭手下的恶棍之一罗科·法内利说，"最利落的办法就是用枪。我们没有把枪当作装饰品。"他是对的。3年时间里，芝加哥共有215起暴徒杀人案。汤普森冲锋枪因其咔嗒作响的枪声获得了"芝加哥打字机"的绰号。

在禁酒令的推动下，黑帮犯罪达到了前所未有的规模。

20世纪20年代,黑帮暴力事件创下新纪录。一些历史学家认为,好莱坞和大众的想象力推动了这个故事的发展——谁没有听说过情人节大屠杀呢?但证据就在那里。正如奥克伦特所言,20世纪20年代盛行的暴力……确实增加了不少。他引用了1920年每10万人中只发生了不到12起谋杀或袭击案的数字,并指出,在1933年禁酒令的最后一年,这一数字增长到了16。到1940年,这个数字已经降到10以下。

"从1924年迪安·奥巴宁在芝加哥花店遇刺,到5年后的情人节大屠杀,"奥克伦特写道,"那个时代最著名的杀戮都是由酒精点燃的。"

像卡彭、卢西亚诺、科斯特洛和兰斯基等人在禁酒期间建立了自己的帝国,在非法饮酒的浪潮中大显身手。而禁酒令被废除之时,歹徒们也不会离开。

应该说在禁酒令的推动下,黑帮犯罪达到了前所未有的规模,而且随着大型犯罪集团的崛起,跨国灾难将进一步肆虐。许多歹徒投资合法的酒类生意,但更多的人重新回到了有利可图的卖淫和赌博及贩毒和敲诈勒索劳工等非法勾当中。

> 卡彭在接管芝加哥时才20岁出头,他代表了禁酒时期一批年轻的犯罪头目

▲ 联邦调查局枪杀了卢西亚诺,他是美国最令人恐惧的黑帮头目之一

▲ 可以说，艾尔·卡彭是其中最有影响力的黑帮分子，禁酒期间，他控制着芝加哥市的黑社会帝国

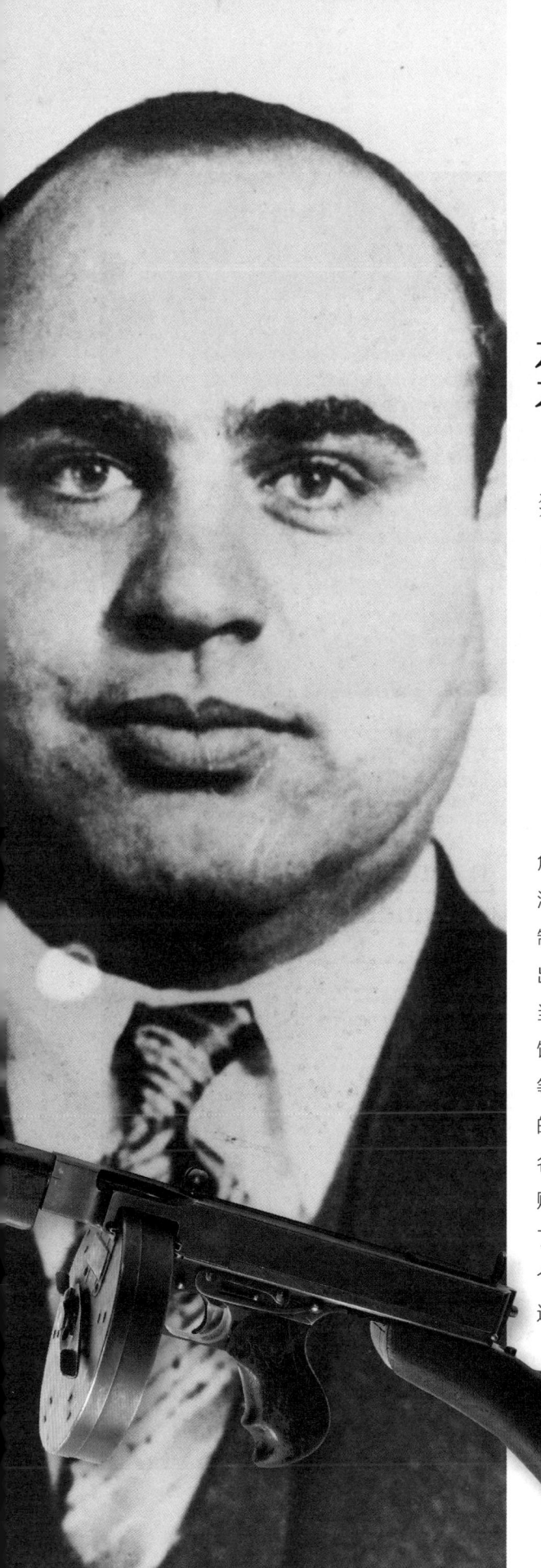

禁酒与暴徒

禁酒令为美国黑帮提供了从非法走私违禁酒中获利的绝好机会,从而让被称为"暴徒"的犯罪组织得势

禁酒令在美国黑帮崛起的过程中扮演了重要角色。禁酒令颁布前,美国当然有黑帮,废除禁酒令后,黑帮也继续存在。但是,禁酒令为黑帮制造了一种有利可图的产品,很多人愿意为之付出高昂的代价并违反法律。美国禁酒,听上去相当出人意料,甚至不可思议。美国人有着悠久的饮酒历史,他们热衷于自己生产朗姆酒和威士忌等烈酒。但很长一段时间以来,一直有反对饮酒的呼声,甚至呼声很高。美国早期历史上一位著名的清教徒传教士英克里斯·马瑟宣称:"上帝赐予了酒,魔鬼造就了醉汉。"社会因素也提供了改革的动力。19世纪末,美国已经转变成一个工业化城市国家,数以百万计的美国人从农场迁移到城市,进入工厂工作。对于美国农村人而言,适应都市有损健康的生活环境并不简单。许多来自农村的美国人把

汤米枪

汤普森冲锋枪是一种非常厉害的武器，在禁酒期间成为黑社会的标志性武器

汤普森冲锋枪起源于阵地作战的需要。美国参加第一次世界大战后，人们发现全尺寸的、拉栓式斯普林菲尔德步枪不适合近战。美国军队希望为其部队提供更方便的装备，其高射速可以扫荡敌人的战壕。约翰·汤普森将军想出了一种高射速冲锋枪。这种枪火力很猛，0.45英寸的柯尔特自动手枪弹（ACP）冲击力巨大，可以直接把人击倒，这在战斗中是一个很大的好处。1919年战争结束后，这种枪才生产出来，人们将它称为汤普森冲锋枪。"汤米枪"在禁酒时期作为美国黑帮的标志性武器恶名远扬。在枪战中使用它的芝加哥匪徒被称为"汤米人"。汤普森冲锋枪也因和黑帮的联系被称为"芝加哥钢琴"。在臭名昭著的1929年情人节大屠杀中，它的作用明显。在暴徒枪手看来，汤米枪近乎完美。每分钟700发的高射速意味着它可以用子弹织成弹幕进行严密封锁。持汤米枪的匪徒通常能压制住警察的火力。由于黑社会的青睐以及电影中的黑帮形象，在许多美国人心目中，这种武器与犯罪组织和黑帮枪战密切相关。然而，在第二次世界大战期间，汤普森冲锋枪是美军的常用设备并大量供应盟军。与轴心国作战的士兵对汤普森冲锋枪的非凡杀伤力赞不绝口。

▲ 禁酒令时期的这幅广告宣称，汤普森冲锋枪是"强盗最害怕的枪"

城市病归咎于酒精。城市令人不安的另一方面是来自非英语国家数百万"外来"的移民。

19世纪末20世纪初是东欧和南欧移民的全盛时期。在他们大多数人的家乡，人们不仅饮酒，而且有深厚的酒文化。许多人是天主教徒，对于已成为国教的美国新教的教徒而言，这成为猜疑、不信任的源起。禁酒运动力量绝大多数是新教徒。第一次世界大战的到来也推动了禁酒令运动，美国的大多数酿酒厂都属于德裔美国人。一旦美国加入对德战争，就很可能会因为与敌人的联系染上叛国的嫌疑。在政治上，禁酒运动在20世纪初有了新进展，反沙龙联盟增加了禁酒运动的力量，也提高了人们禁酒的信心。1917年7月，美国参议院就这项宪法修正案进行投票并通过，众议院在12月也通过了这项修正案。禁酒令还必须在当时48个州中至少3/4通过才能成为法律。在短短的13个月内，该提案在36个州通过，并于1920年作为《第十八修正案》生效。几十年来，禁酒的倡导者在长期斗争中取得了胜利。然而，《第十八修正案》终将结出苦果。一个可怕的威胁，一个比比饮酒引起的问题更严重的威胁很快出现了，它来自人们对酒的无限渴望——即便有法律的约束也不会消失，这意味着禁酒令永远无法消除暴徒。

> 紫色帮把偷来的酒卖给了底特律当地的地下酒吧，1925年大约卖出了25000瓶

当饮酒被定为非法时，黑社会犯罪团伙以高昂的价格向美国人提供他们想要的东西。这些犯罪团伙的猖獗给美国带来的损失不仅仅是金钱上的。通过非法手段获得的现金数额之大，促使黑帮为抢夺供应酒类的权利进行残酷的斗争。美国城市成了枪支贩卖、黑帮私贩、杀戮和死亡之地，因为禁酒令无法阻止这种产品的流通。1933年，《第十八修正案》生效13年后，被《第二十一修正案》废除，这是禁酒令彻底

▲ 底特律紫色帮以暴力著称，他们劫持其他团伙走私酒的名声远近皆知

> 就像现代公司争夺市场份额一样,芝加哥的黑帮之间也在争夺地下生意,这通常会导致流血冲突。

失败的标志。然而,禁酒令已造成了不可挽回的损失。禁酒令使黑帮势力达到了史无前例的水平。在禁酒时代的暴徒中,最有名的当数艾尔·卡彭。他并非单打独斗,也非白手起家,他最初在一名资深的黑帮人士指导下参与黑社会犯罪活动。卡彭刚刚进入这个行业的时候,作为芝加哥约翰尼·托里奥的手下,代表他经营妓院。托里奥从纽约来到芝加哥,设法买下了那些因禁酒令停业的啤酒厂。

烈性酒是来自加拿大的走私品。这些违禁物成为托里奥控制赌场、妓院和地下酒吧(提供酒品的非法酒吧)的卖点之一。这些非法企业,向政治家、法官和警察慷慨行贿来获得保护。然而,对在芝加哥南部经营犯罪帝国的托里奥来说,最大的威胁来自其他匪徒。就像现代公司争夺市场份额一样,芝加哥的黑帮之间也在争夺地下生意,这通常会导致流血冲突。托里奥比卡彭大17岁,和他野蛮的年轻助手完全不同,托里奥很安静且散发出一种温和的气场。他或许不像卡彭那样恶毒,但也并非善类。必要时,他会雇用其他人来干他的脏活。托里奥制造的一个重大事件是谋杀了另一个

> 查尔斯·"幸运"·卢西亚诺是他的原名,来到美国后,他改名为卢西亚诺

▲ 1948年出狱后的卢西亚诺

匪徒迪安·奥巴宁。奥巴宁的北部帮长期劫持托里奥的酒类运输，还推动了托里奥因酒类犯罪入狱。因为是第二次被抓，所以托里奥很有可能被送进监狱。托里奥和另一个对奥巴宁怀恨在心的帮派——经营非法工业酒精生产的吉纳斯联手将奥巴宁杀害。1924年11月10日，三人走进奥巴宁经营的花店。当奥巴宁伸手问候时，其中一个人紧紧抓住他的手不放，另外两个人掏出手枪射杀了奥巴宁。接下来遭遇危险的是托里奥。3个月后，北部帮的幸存成员追上托里奥向他开了三枪。令人惊讶的是，托里奥在暗杀中幸免于难，但他当歹徒的日子已经结束了。他逃往意大利，把芝加哥黑帮的大权交给了他的副手卡彭。继卡彭之后，禁酒令时期脱颖而出的最著名的黑帮成员或许是查尔斯·"幸运"·卢西亚诺。1897年，卢西亚诺出生在西西里岛的一个贫穷村庄，1906年被母亲带到美国，定居在曼哈顿下东区的纽约市，14岁辍学，很快就开始了小规模的犯罪活动，包括盗窃和抢劫。后来，他开始结交其他年轻黑帮成员，这些黑帮成员包括巴格斯·西格尔、弗兰克·科斯特洛和迈耶·兰斯基。《第十八修正案》的颁布给这些冷酷嚣张的罪犯带来了前所未有的发财机会。卢西亚诺成为了纽约走私生意的中坚分子。

卢西亚诺非常渴望给自己塑造一个形象，让他明显不同于被称为"胡子皮特"或"油脂球"的老一辈黑帮成员。他精心打扮但不花哨。从外表上看，他更像一个可敬的商人，而不是一个典型的凶残歹徒。他引起了老黑帮头目的注意，他们希望把卢西亚诺招进自己的组织。1927年，他加入了乔·"老板"·马塞里亚的组织，成为他的得力助手。1929年，他被马塞里亚的死敌萨尔瓦托尔·马兰扎诺抓获。

马兰扎诺的手下对卢西亚诺施以酷刑，他们用刀划伤卢西亚诺的脸，导致他的右眼下垂。

▲ 阿尔伯特·阿纳斯塔西亚和乔·阿多尼斯是谋杀公司的创始成员之一

▲ "大吉姆"科洛西莫是芝加哥一个从事赌博和卖淫的黑社会头目，1920年被约翰尼·托里奥暗杀

▲ 1924年芝加哥北部帮头目迪安·奥巴宁被黑帮对手约翰尼·托里奥暗杀

一辈人太守旧，太循规蹈矩，他们的荣誉观念过于陈旧。他参与了1931年对他的老板马塞里亚的谋杀及随后对马兰扎诺的谋杀。在约翰尼·托里奥的敦促下，卢西亚诺于1931年成立了黑手党委员会，这是一个黑帮伞式组织，每个小组织或家庭都在各自的地盘上经营自己的业务，但每个组织的领导人都会定期开会，调整相互之间的关系。卢西亚诺坚信，他们必须为所有人的利益而合作。"我告诉他们，忌妒是我们最大的敌人，"卢西亚诺说，"我们这种行业，有太多的钱可以赚，没有人有权利忌妒别人。"用现代商业术语来说，卢西亚诺将犯罪集团组织成一个垄断联盟，消除了不必要的竞争。卢西亚诺是该委员会的第一任主席，其他家族的领导人与公司董事会成员相似。

卢西亚诺的运气的确相当好，但是就像其他无数暴徒的运气一样，再好的运气都有用光的一天。1936年，他因卖淫被定罪——他把自己的帝国建立在卖淫和走私的基础上。当年6月，他被判处30年监禁。对于一个40岁的男人来说，这实际上是无期徒刑。卢西亚诺的晚年并没有禁酒时期那么跌宕起伏，但他还是设法制造了一些事端并始终确保借此谋利。

但卢西亚诺却活了下来。因为这次意外的生还，同伙迈耶·兰斯基称他为"幸运"。卢西亚诺相当厌恶帮派之间的无用争斗，这些争斗扰乱了黑社会原本有利可图的生意。他认为，每个黑社会成员都有足够的生存空间，"应该把犯罪当作合法的生意来处理"：追求高效率，尽量减少摩擦。他很不喜欢马塞里亚和马兰扎诺等老一辈黑帮老大结下的宿仇。他特别不喜欢所谓的"卡斯特拉马雷斯战争"对黑社会业务的影响。在卢西亚诺和其他年轻的黑帮分子看来，老

20世纪30年代至40年代，谋杀公司制造的谋杀案大约有500到1000起

尽管20世纪40年代初卢西亚诺身在监狱，但他仍控制着码头工人工会，这其中包括在码头工作的工人。随着美国加入第二次世界大战，美国对德国人蓄意破坏港口运营的担心日益强烈。美国海军要

美国海军要求卢西亚诺确保码头安全。1946年，由于他的协助立功，他获得了减刑。

◀ 迈耶·兰斯基是禁酒期间影响力最大的匪徒之一,于1983年去世,终年80岁

求卢西亚诺确保码头安全。1946年，由于卢西亚诺的协助立功，他获得了减刑，但被驱逐到意大利。尽管他试图从美国以外的多个地方与黑社会犯罪组织保持联系，但他的影响力还是逐渐衰退，1962年1月，卢西亚诺在意大利去世。

12岁的迈耶·兰斯基和一个年龄略长的青年成了朋友，这个青年后来被称为"幸运"·卢西亚诺。兰斯基和卢西亚诺成为20世纪初纽约黑社会犯罪的同伙。此前，略年轻些的时候，他和另一个年轻的犹太匪徒本杰明·"巴格斯"·西格尔组成一个名为"莫兰和迈耶帮"的帮派。他们很擅长赌博敲诈和勒索保护费。其中一个比较有名的成员是"荷兰人"舒尔茨。纽约犯罪集团最著名的老板之一阿诺德·罗斯坦邀请兰斯基带领自己的帮派去他手下工作，兰斯基的帮派成员由犹太人和意大利人组成。罗斯坦察觉到兰斯基的野心，希望兰斯基能帮忙运送酒类——做真正的走私工作。

罗斯坦对兰斯基的直觉是正确的。在他的指导下，兰斯基和年轻的黑帮同伙建立了美国最大的非法酒类走私集团。兰斯基后来又投资建立了一系列赌场，并大受欢迎，因为人们在那里可以公平游戏。20世纪40年代，兰斯基还参与推动拉斯维加斯成为合法赌博中心。

和卢西亚诺年少时的交情为兰斯基铺好了路，20世纪30年代，兰斯基成为统治美国犯罪组织的重要成员。然而兰斯基却无法永远逃脱法律的制裁，1953年，他被指控多次非法赌博。承认部分指控后，他只被判了3个月的徒刑。

后来，兰斯基成为古巴黑社会的一位重要人物，他曾涉足这里的赌场业。然而，在20世纪50年代的古巴革命中，古巴共产党上台，随即驱逐黑社会并关闭了赌场。20世纪60年代和70年代，兰斯基藏身于佛罗里达。

兰斯基预测到最终会被指控逃税，于1970年逃到以色列，但1972年被以色列政府勒令离开。具有讽刺意味的是，兰斯基于1974年被无罪释放，1983年在迈阿密海滩去世。

在禁酒令时期的匪徒中，很少有人比迈耶·兰斯基的老相识巴格斯·西格尔的经历更波澜起伏。在禁酒时代早期，西格尔是一个冲动的年轻枪手，他接受乔·马塞里亚和萨尔瓦托雷·马兰扎诺等人的委托杀人。他讨厌别人叫他巴格斯（bugsy），据说是因为人们认为他情绪不稳定，而其他匪徒说，被激怒的他就像"发疯"（go bugs）一样。1937年，禁酒令结束后，他向西前往好莱坞，在那里建立了一个赌博公司。到1946年，西格尔负责拉斯维加斯弗拉明戈酒店的建设。弗拉明戈酒店是他规模最大且完全合法的事业，因为赌博在内华达州是合法的。不幸的是，它遭受了巨大的成本超支和工程延误，让西格尔血本无归。一个最初预算为100

> 大约3/4的非法酒品经由底特律地区进入美国

▲ 截获私酒货物的警察站在一辆报废汽车边

万美元的项目最终花费了大约600万美元。弗拉明戈酒店于1946年年底开张，但遇到了很多麻烦。他的投资者大多为暴徒，他们既不满意也不愿意理解。1947年，西格尔在女友家中被暗杀，刺客共开了9枪，其中两枪击中了他。嫌疑自然落在对他失望的黑帮投资者身上，但很多人都希望西格尔死。

禁酒时期，黑帮最强的杀手之一是阿尔伯特·阿纳斯塔西亚。阿纳斯塔西亚被列为杀害乔·马塞里亚枪手团伙的一员。据说其中一个人和他一起参加了这场由谋杀公司策划的谋杀案。谋杀公司是一家位于纽约布鲁克林的刺客组织，他们愿意为了钱消灭任何目标。从黑帮老大的角度来看，使用谋杀公司服务的好处是杀人命令是从他那里传达给他的副手，然后再传达给谋杀公司的杀手。刺客们不知道谁是真正为这起谋杀买单的人，很难找到谋杀案背后真正的雇主。另一个暴徒"荷兰人"舒尔茨是谋杀公司最著名的受害者之一。舒尔茨曾向黑手党委员会提出请求，要求委员会批准谋杀托马斯·杜威，这名联邦检察官曾两次起诉舒尔茨逃税。舒尔茨知道杜威永远不会放弃，于是想将他置于死地。委员会的看法却大不相同，杀死杜威只会增加联邦政府对暴徒的关注，因而舒尔茨被拒绝了。舒尔茨随后宣布他将亲自完成这项工作，这是很不明智的。为了防止一场没有益处的谋杀，卢西亚诺

> 可怕的根纳团伙付钱给移民家庭，让他们把工业酒精变成低档威士忌

代际冲突

年轻的暴徒们与老一辈"胡子皮特"的斗争始末

美国黑社会各帮派之间总是充满猜疑和致命的暴力。1930年和1931年的"卡斯特拉马雷战争"是敌对帮派之间一场尤为恶劣的冲突，这场争斗的名字来自西西里西部的城镇，戈尔福海堡的卡斯特拉马雷，这里诞生了一位美国的主要犯罪头目萨尔瓦托·马兰扎诺。始于1930年2月的卡斯特拉马雷斯战争是马兰扎诺和"老大"乔·马塞里亚为争夺黑帮控制权进行的一场你死我活的权力斗争，但它也是年轻暴徒"年轻土耳其人"或"美国人"推翻年长的"胡子皮特"的代际冲突。"胡子皮特"是美国传统黑手党的代表，在美国长大的"幸运"·卢西亚诺则是年轻一代黑帮的典型。1931年4月15日，在康尼岛的一家餐馆里，卢西亚诺扮演了马塞里亚暴乱中的重要角色，这场暴乱结束了卡斯特拉马雷战争，使得马兰扎诺可以宣称自己是纽约黑手党中"老板中的老板"。卢西亚诺也是1931年9月10日谋杀马兰扎诺本人的幕后黑手，就在几个月前，马兰扎诺的派系声称"赢得"了战争。马塞里亚和马兰扎诺自然都不是无辜的。卢西亚诺只是在得知每个人都想让他死后，先发制人。与几乎所有黑手党相关的历史一样，真正的事实是模糊不清的，往往无法将真相与虚构区分开来。传统的说法认为，这场战争涉及全美数百名歹徒，约60人在火并中丧生，另一些人则认为死亡人数为14人左右。

▲ 乔·马塞里亚是"幸运"·卢西亚诺在禁酒期间的老板，也是卡斯特拉马雷战争的牺牲者

▲ 约翰尼·托里奥，早期禁酒时期的黑帮头目，艾尔·卡彭的引路人

授权对舒尔茨采取行动。1935年10月23日，两名谋杀公司的枪手在新泽西州的一家餐馆杀害了舒尔茨和他的保镖。人们的注意力主要集中在芝加哥和纽约，这两个城市在禁酒期间是黑社会活动的热点，但其他城市也有黑帮。底特律是紫色帮的地盘。这个站在底特律黑社会金字塔顶上的犹太团伙，热衷于杀人，其成员犯下的命案总计500件。

这个数字甚至比暴力泛滥的芝加哥还要大。19世纪末，大量的"紫色帮"成员从东欧来到美国。这伙人以伯恩斯坦兄弟——雷蒙德、约瑟夫、安倍和伊兹为首，他们来到纽约，随后定居于密歇根。他们年轻时小偷小摸，成年后则越做越大。禁酒令为他们提供了非凡的机会。底特律是美国汽车制造业之都，也是美国第4大城市，人口约100万。重要的是，底特律位于美加边境，这在禁酒期间很有用。这一点意义重大，因为人们可以在加拿大获得酒并走私到美国以满足美国饮酒者。当底特律河在冬天结冰时，美国走私者的卡车会载着加拿大烈酒途经这里。紫色帮参与敲诈勒索、劫持卡车、卖淫、非法赌博和持械抢劫。这伙人的大部分资金来自酒类走私。他们赚来的钱用来向警察和其他政府官员行贿，希望他们包庇犯罪行

美国暴徒时间轴

▲ 底特律警方在禁酒时代突袭一家非法酿酒厂

● 禁酒令开始
于1920年1月生效的《第十八修正案》，禁止生产和销售酒精饮料。美国黑社会争相向酗酒的顾客提供酒品。
1920年1月17日

● 约翰尼·托里奥谋杀了"大吉姆"科洛西莫
在芝加哥，约翰尼·托里奥暗杀了"大吉姆"科洛西莫。托里奥的下属之一艾尔·卡彭将接管芝加哥的业务。
1920年5月11日

● 情人节大屠杀
在芝加哥犯罪头目卡彭组织的一起大规模谋杀案中，4名男子（其中2名冒充警察），在一个车库里枪杀了对手北部帮的7名成员。
1929年2月14日

● 卡斯特拉马雷战争结束
乔·马塞里亚在卢西亚诺的指示下被暗杀，导致他和萨尔瓦托尔·马兰扎诺之间的卡斯特拉马雷战争以暴力告终。
1931年4月15日

● 柯林伍德庄园大屠杀
紫色帮在底特律的柯林伍德大道公寓屠杀了第三大道恐怖分子，但一名目击者幸存并出面指证凶手。几名色帮成员被判处无期徒刑。
1931年9月16日

● 黑手党委员会
卢西亚诺创立了"委员会"，以解决暴徒的5个家族和其他犯罪集团之间的纠纷。它依靠谋杀公司的服务对不守规矩的暴徒实施制裁。

▲ 1932年，加州警方销毁没收的酒

为。20世纪20年代中期，紫色帮与意大利和爱尔兰的匪徒展开了激烈的火并以争夺领地。他们的实力和暴力习性足以使残暴的卡彭远离底特律。最终，紫色帮的野蛮行径导致了它的垮台。1931年，一次失败的行动导致一名幸存者出庭作证，指控紫色帮成员和几名头目，包括雷蒙德·伯恩斯坦在内的几名头目被判无期徒刑并不得假释。紫色帮受了致命伤，很快在底特律消失匿迹。随着《第十八修正案》的废除，禁酒令在1933年结束。凭借禁酒令赚得盆满钵满的黑帮暴徒们通过出售酒精获得巨额现金，拥有了难以想象的实力。既然酒精又合法了，黑帮将继续寻找其他收入来源。如今黑帮仍然存在。

▲ 联邦检察官托马斯·杜威是暴徒"荷兰人"舒尔茨谋杀的对象

● 卢西亚诺出狱
"幸运"·卢西亚诺因协助美国港口免受轴心国的破坏，因此获释出狱。
1946 年 1 月 3 日

◀ 纽约警察局拍摄于1931年的"幸运"·卢西亚诺的犯人照

1946

1935
● 暗杀"荷兰人"舒尔茨
"荷兰人"舒尔茨刺杀联邦检察官托马斯·杜威的危险计划激怒了委员会，之后杀手们在新泽西州纽瓦克市的一家餐馆皇宫肖普大厦向流氓暴徒"荷兰人"舒尔茨开枪。他第二天就死了。
1935 年 10 月 23 日

1936
● 审判卢西亚诺
"幸运"·卢西亚诺因卖淫罪接受审判。他后来被定罪并判处 30 年监禁。这对卢西亚诺来说无异于无期徒刑。
1936 年 5 月 13 日

▲ 巴格斯·西格尔41岁时被枪杀

1947
● 巴格斯·西格尔遇刺身亡
当一梭子弹射进他女朋友的家时，巴格斯·西格尔的生命走到了尽头。他的弗拉明戈酒店的暴徒投资者很可能是幕后黑手。
1947 年 6 月 20 日

1962
● 卢西亚诺的终点
"幸运"·卢西亚诺在意大利那不勒斯心脏病发作去世，享年 64 岁。
1962 年 1 月 26 日

头号公敌
艾尔·卡彭

刚来到芝加哥的卡彭是一名初来乍到的黑社会成员,他参与建立了一个卖淫、走私和谋杀的帝国并成了一名臭名昭著的恶徒

凶手手中的枪响了两下,唱针跳脱,餐厅走廊里的电唱机归于寂静,餐厅主人摔倒在地,鲜血在光可鉴人的地砖上汩汩地流淌。

身体逐渐变冷的吉亚科莫·"大吉姆"·科洛西莫与妻子离婚后不告而别,娶了一个19岁的唱跳歌手。他的前妻维多利亚·莫雷斯科,或者她的一个兄弟是这起犯罪的首要嫌疑人,但警方根据已知线索前去拜访科洛西莫的两个同伙——天才约翰尼·托里奥和他的跟班,令人害怕的艾尔·卡彭,卡彭微笑时脸上有三个扭曲的疤痕。"大吉姆和我就像兄弟,"托里奥说。"科洛西莫先生和我都喜欢歌剧,"卡彭补充道,"他是个大人物。"

1920年5月11日,科洛西莫谋杀案仍然悬而未决,或许芝加哥警察局选择就此收手也是一种犯罪。近十年来,科洛西莫通过贪污和恐吓统治着芝加哥,他和妻子经营着100多家妓院并从该市大部分非法赌博窝点勒索保护费,在科洛西莫的影响下，整个城市的利润都在下滑，却贴补了街角警察微薄的工资，也令两届市长威廉·"大比尔"·哈尔·汤普森的银行账户进账颇丰。

芝加哥是个粗暴的城市。20世纪20年代初，由于重工业和廉价劳动力的繁荣，在这座荒芜多风的西部边陲小镇里，烟囱代替了仙人掌，弹痕累累的T型福特车代替了马匹。"她生气勃勃又充满暴力，"当地记者罗伯特·圣约翰写道，"刺激、振奋人心又冷酷无情，拒绝容忍自命不凡的态度，对身体上或智力上羸弱的人没有耐心。"

1919年，卡彭从纽约来到芝加哥，为他的老朋友托里奥工作，卡彭通过击退对手的敲诈勒索赢得了科洛西莫的信任，作为二把手待在科洛西莫身边。卡彭很快将人们口中的恐怖气质用在讨债人的职业上。他亲眼目睹了科洛西莫的组织如何统治黑社会；那些拒绝为大吉姆保护买单的赌场，要么会发现自己成了警察突袭的对象，要么更糟的是卡彭前来拜访，他非常乐意打断他们的腿，并用棒球棒把牌桌弄得一团糟。

与五六个黑帮同时争夺一个街区、令人忧郁的纽约相比，托里奥和卡彭发现芝加哥是扩张的沃土，唯一阻碍他们发展的是自己的老板。1920年1月，美国宪法《第十八修正案》生效，游戏规则再次发生变化。该修正案又名《沃尔斯特德法案》，禁止生产、运输和销售酒精，但不禁止消费酒精，这意味着大量人口一下转变为潜在客户。托里奥和卡彭发现这是一个收入来源，甚至有可能超过卖淫和敲诈勒索带来的收入，但

卡彭在纽约

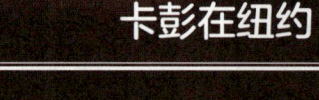

1898年，艾尔·卡彭出生在布鲁克林的一个破旧街区，父母是意大利移民加布里埃尔和特雷西娜·卡彭。卡彭很早便开始了犯罪生涯，他与街头帮派斗殴，为暴徒跑腿，其中一位老板是暴徒中的新星约翰尼·托里奥，他将在卡彭以后的生活中扮演越来越重要的角色。

卡彭很快成了弗兰基·耶鲁的同事（原名弗朗西斯科·耶尔），这名恶棍和托里奥有交情。卡彭在哈佛酒店耶鲁酒吧——臭名昭著的妓女和歹徒的出没地——当酒保时，曾盯着一个歹徒弗兰克·加卢乔的妹妹看，也因此脸上留下了可怕的疤痕。不过幸运的是，加卢乔这个流氓喝醉了，本来他瞄准的是卡彭的颈静脉。在酒吧里，卡彭还染上了梅毒，最终致死，这个病可能很早就对他造成了影响。神经梅毒侵袭了他的大脑和脊柱，引起剧烈的情绪波动、妄想和狂妄自大。

令他们沮丧的是，科洛西莫对此不以为然。当科洛西莫被除掉，约翰尼·"狐狸"·托里奥成为芝加哥黑帮的老板，卡彭站在了他的身边。

在托里奥的许可下，卡彭开始秘密重开被《沃尔斯特德法案》关闭的啤酒厂和蒸馏酿酒厂，他在哥哥拉尔夫和弗兰克·卡彭的帮助下，建立了一个分销网络来供应芝加哥的地下酒吧。"没有人想要禁酒，"他说，"这个镇以六比一的票数反对禁酒。总得有人在人们想喝上一口时供酒。为什么不是我？"

忠诚的拉尔夫负责芝加哥黑帮的一家合法企业，一家无酒精饮料装瓶厂，这家工厂给他赢得了"瓶子"的绰号，而弗兰克的野蛮名声甚至超过了艾尔·卡彭。据估计，他手上有300条人命，弗兰克厚颜无耻地告诉弟弟，"尸体不会跟你顶嘴"。这一走私活动建立在约翰尼·托里奥的指挥下，但毫无疑问，艾尔·卡彭才是芝加哥走私业真正的老大，1923年芝加哥的"惯偷"市长"大比尔"汤普森倒台后，他很快就血本无归了。民主党人威廉·埃米特·德维尔在竞选中承诺清除芝加哥黑帮，托里奥委托卡彭带领黑帮离开芝加哥，紧急转移到伊利诺伊州第4大城市西塞罗，这在"得体的德维尔"的立法范围之外。

虽然托里奥和卡彭在很大程度上像科洛西莫一样统治着他们的犯罪帝国，但对西塞罗的接管是一种公开的武力展示，因为卡彭开始操纵黑帮宠儿政治家约瑟夫·Z.克伦哈的市长选举。

1924年市长选举前夕，弗兰克·卡彭带领一些暴徒冲进了西塞罗民主党候选人的办公室，开枪将一个希望渺茫的人射成了筛子，又把办公室搞得一团糟，左轮手枪射穿天花板，这一幕可以作为第二天强行接管行动的序幕。4月1日，寒冷阴沉的黎明时分，卡彭一伙冲进投票站，抢走选民手中的选票，确保他们选对了候选人。碍事的选务人员被清理出去。一名民主党竞选工作人员腿部中弹，被扔进地下室，另外两名男子在街上中弹，另一人被割喉。

最终，一名绝望的法官在乘有70名芝加哥警员的大巴上，代表西塞罗警察局进入现场恢复秩序。当时正下着雨，弗兰克·卡彭卷入了投票站外的一场火并。他向一辆驶来的警车开火，被受惊的警察开枪击倒，但为时已晚——这座城市已经属于芝加哥黑帮。弗兰克拥有了一个战死英雄式的葬礼，镀银棺材周围簇拥着价值两万美元的鲜花，车队里足有150多辆汽车。

尽管接管西塞罗的过程中发生了骇人听闻的流血事件，但卡彭对媒体来说仍是个谜。然而，随着卡彭的恶行不断累积且行为举止反复无常——这可能是他在纽约感染梅毒的后果——

> 约翰尼·托里奥遭到枪击后将控制权移交给卡彭，托里奥仍然参与黑社会犯罪活动，并成为"幸运的"·卢西亚诺和其他黑帮头目的亲密伙伴

他的左轮手枪对准了托里奥的头——子弹打光了，潜在的刺客也逃走了。

在美国如何畅饮美酒

1. 大西洋之路上的威士忌

满载加拿大威士忌的船只将停泊在新泽西海岸，这远远超出美国海岸警卫队巡逻的海上界限。走私者会出海接收一箱箱的酒，新泽西州广阔的海岸线成了人人都可以自由出入的地方，敌对的帮派互相劫持对方的货物。度假胜地大西洋城成为走私酒业的主要门户，当地爱尔兰裔美国敲诈勒索犯伊诺克·"纳吉"·约翰逊大幅收手，此后将业务转移给芝加哥的卡彭或纽约和泽西城的其他暴徒。

2. 加勒比海的朗姆酒

在禁酒令下，古巴成了享乐者的避风港，这些人来自新近"禁酒"的美国和充斥着百加得朗姆酒的加勒比海地区等地。然而，从古巴、牙买加和巴哈马走私到南佛罗里达州、得克萨斯州和路易斯安那州的"朗姆酒走私者"的活动使两地交通双向流动。在得克萨斯州，加尔维斯顿成为主要的切入点，这里的酒类交易供应得克萨斯州其他地区和中西部大部分地区，被称为"加尔维斯顿自由州"，萨姆和罗斯·马西奥兄弟统治着当地的罪恶贸易，他们成功推迟了卡彭和纽约老板阿尔伯特·阿纳斯塔西亚的竞争。

3. 威士忌湖

尽管安大略省有自己的禁酒法，但他们并没有禁止蒸馏酒，这导致违禁物从温莎流到密歇根湖，再沿着底特律河流到底特律。据非法获得的文件上称，他们先悄悄在汽车城卸货，但最终目的地是委内瑞拉。底特律早在禁酒令颁布之前就已经"禁酒"，紫色帮严格控制了朗姆酒的交易，他们也是芝加哥卡彭团伙的主要供应商。

4. 墨西哥骡子

由于禁酒令，美国货物大规模进入墨西哥的走私活动完全转向。现在，自制的龙舌兰和麦斯卡酒被骡子三五成群地走私到相反的方向，酒贩子经常在晚上横渡河流，或者在尘土飞扬、与世隔绝的道路上通过卡车和汽车走私。得克萨斯州的1300千米的墨西哥漫长边境难以监管，走私者和得州巡警之间的猫捉老鼠成了传奇故事。

5. 山间私酿

虽然香槟、杜松子酒、朗姆酒和威士忌可以提供给那些有现金的人以掩盖其危险的分销，但穷人也需要酒类消遣，而私酒则大大降低了饮酒成本。阿巴拉契亚山脉和中西部的农村有自制啤酒的传统，而现在有一个市场为他们的私酒敞开了大门。蒸馏器可能会爆炸，酒品的质量控制也相当糟糕，这些产品很可能危及生命，然而私酿者经常将业务扩展到谷仓大小的酿酒厂。

他的名声开始传播到地下交易圈之外。弗兰克入葬几个星期后，一个叫"拉格泰姆"乔·霍华德的窃贼正在酒吧里喝酒，这时两个人进来了。目击者回忆，他听到一声友好的招呼"你好，艾尔"，随后霍华德就被直接射死——四发子弹直击他的面门，两发子弹击中他的肩膀。除此之外，目击者忘记了所有其他细节。没有人看到发生了什么，也没有人认出这个人，但警察知道是谁干的，媒体也知道，这也是卡彭的犯人照第一次出现在报纸头版。私下里，卡彭的帮派传言霍华德以1500美元的价格出卖了杰克·"油腻拇指"·古兹克，夸口他"弄哭了小犹太人"。古兹克是卡彭信任的资金管理人，他负责定期向警察和法官支付报酬。很快，"疤脸"这个名字开始流行起来，这触犯了卡彭的虚荣心——他从不让人拍他的左边脸——他开始冲着摄影师的闪光灯大发脾气。

不过，眼下的威胁远比谴责性的头条新闻更严重。迪安·奥巴宁经营的主要由爱尔兰裔美国人组成的北部帮控制着芝加哥北区的酿酒厂和走私业，托里奥费尽心思也没能使之屈服。联盟和休战协议渐渐缩水瓦解，但最后一线转机出现在1924年5月19日，奥巴宁终于把他在西本酿酒厂的股份让给了托里奥。托里奥和他的手下——小西西里"可怕的真纳斯"中的盟友——一出现，警察就刚好冲了进来，托里奥被处以5000美元的罚款和9个月的监禁。"迪尼没事，"卡彭假笑着说，他在托里奥服刑期间接手了暴徒的日常运作，"但是和其他人一样，他的小命也没能保住。"

有一天，奥巴宁在斯科菲尔德的花店里修剪菊花，迈克·"魔鬼"·根纳、约翰·斯卡利斯、阿尔伯特·安塞尔米和弗兰基·耶鲁大步走进来。奥巴宁和耶鲁握手时，斯卡利斯和安塞尔米向他的胸口和喉咙各开了两枪。奥巴宁躺在布

▲ 这辆为卡彭特制的凯迪拉克装有防弹玻璃

▲ 卡彭被判刑后对着镜头眨眼

满花瓣的血泊中，后脑勺被额外补了一枪，他被暗中杀害了。

乔治·克拉伦斯·"疯子"莫兰接管了北部帮，他们依旧对卡彭帮派怀恨在心，将总部从斯科菲尔德搬到了车库，这个车库就是1929年令人震惊的情人节大屠杀的地点，这是芝加哥帮派和北部帮之间残酷血腥的5年帮派之争的高潮。

托里奥一获释就低调行事，他知道只要卡彭处于风口浪尖上，便大大减小了自己成为众矢之

▲ 卡彭在佛罗里达州迈阿密的度假屋里享受休闲时光

的可能。尽管"狐狸"费尽心机，但还是没想到这场战争会变得这么私人化。1925年1月24日上午，他和妻子一起结束了一天的购物，一辆蓝色凯迪拉克潜伏在路边，购物袋被撕成了纸屑，枪声响彻了街道。约翰尼·托里奥凝视着天空，安娜·托里奥的尖叫声听起来异常遥远，血从多处伤口流出，染红了刚买来的物品。"疯子"莫兰站在他身边，他的左轮手枪对准了托里奥的头——子弹打光了，潜在的刺客逃走了。

当托里奥接受紧急手术时，卡彭的支配地位凸显出来。卡彭睡在他导师的床边——芝加哥黑帮的人24小时站岗，警惕地盯着每个冷漠的护士和白天带着鲜花的访客。"一切都是你的，艾尔，"托里奥终于说出了这句话，"我，我要退出了。我得回欧洲了。"

随着"狐狸"悄悄返回意大利，卡彭把总部搬到了芝加哥豪华的列克星敦酒店，他接管了这里的第四层和第五层，在那里，他像皇帝一样主持"朝政"。这间酒店的地下室里建起了一座混凝土保险库，卡彭的一间浴室的镜子后面隐藏着一个秘密楼梯，这只是快速逃生暗道网络的一部分。大多数时候，他都是晚起的，像个政治家一样花大量时间翻阅早报，然后穿上剪裁精细的昂贵西装。下午早些时候，卡彭走进另一个房间里的书房，请求帮忙的人焦急地等待着他的恩惠和资助。没有人再谈论"托里奥的自由王国"。现在媒体称西塞罗为"卡彭王国的首都"。

卡彭开始结交报纸编辑，赠送昂贵的雪茄并邀请他们参加奢华的派对，这个芝加哥黑社会之王与拳击手、棒球手和芝加哥臭名昭著的腐败市长——1927年奇迹般地连任的"大比尔"·汤普森一起打台球。"服务公众是我的座右铭，"卡彭在1927年12月对聚精会神的记者解释道，"（芝加哥）99%的公众酗酒赌博，而我的罪过是为他们提供这些娱乐活动。我的酒很好，我的游戏规则也很公正。"

卡彭的生意越大，维持这一生意的黑帮、贿赂和联盟的网络就越复杂和脆弱。芝加哥的法律和政府的腐败已经发展到一个不容忽视的地步。令人震惊的情人节大屠杀后不久，赫伯特·胡佛凭借反腐败纲领当选为美国总统。他上任后的第一个行动是派遣禁酒探员埃利奥特·内斯和一支精心挑选的"铁面无私"的队伍，通过突袭卡彭的地下酒吧和破坏蒸馏器来清理芝加哥的街道，更重要的是，一个由会计出身的律师弗兰克·J.威尔逊领导的国税局探员小组受命调查卡彭的财务，以找到能在法庭上立足的证据。

"每当一个男孩从三轮车上摔下来，每当

卡彭走进他的书房，请求帮忙的人焦急地等待着他的恩惠和资助。

▲ 卡彭因逃税受审后锒铛入狱　　▼ 卡彭在法庭上受审时的照片

▲ 在芝加哥，人们排队等候在卡彭开的施粥处　　▼ 在对卡彭的审判中，公众旁听席的人用帽子遮住脸，以免被认出

一只黑猫生了灰色的小猫,每当有人戳到脚趾,每当尼加拉瓜发生谋杀、火灾或海军陆战队登陆时,警察和报纸都会大喊:'抓住卡彭!'"这位芝加哥歹徒在他的顶层豪华公寓里暴跳如雷:"我受够了。"

在这个恶煞发脾气的时候,一个负责把他绳之以法的人开始重新考虑这一行动。内斯在他的自传中承认:"当我考虑是否应该违背大多数正直公民的意愿采取执法行动时,心中充满了疑虑。当想到盘旋于芝加哥上空的犯罪爪牙将采取的暴力反击行为,我不由得为手下人捏一把汗,芝加哥黑帮的恐怖触角遍布全国,我们承担的任务或许相当于自杀。"

当卡彭在顶层豪华公寓沉浸在精致的丝绸和梅毒引起的狂妄自大时,内斯和他的"铁面无私"小队开始暗中破坏他的生意——仅一个晚上就摧毁了18个蒸馏器,逮捕了52名走私犯。仅前6个月,内斯大胆的突袭就让芝加哥黑帮损

▲ 1929年,芝加哥,卡彭与家人和朋友一起野餐

失了约100万美元,还有一些忠诚的跟班因违反《沃尔斯特德法案》身陷囹圄。他对卡彭拙劣的贿赂及两次暗杀尝试不屑一顾。

这一行动的目的仅是刺激卡彭,掏空他的收入和自尊心——但这种蔑视足以让卡彭这样自大的暴徒勃然大怒。内斯乐于利用卡彭的愤怒——在他的酒店外炫耀被扣的车辆,又在电话里嘲弄他。不管他的自尊心受到多大的伤害,这个让芝加哥街头流淌着酒精和鲜血的人面临的真正阻碍是反欺诈调查员弗兰克·J.威尔逊,他为扳倒卡彭做了大量的案头工作。

1927年5月,美国最高法院的"沙利文裁决"弥补一个奇怪的法律漏洞,即黑帮在法律上没有义务在纳税申报表上登记非法收入,理由是这将侵犯《第五修正案》赋予他们的权利。一个芝加哥的私贩曼利·沙利文因逃税而定罪,这一标志性的审判让这项决定得名。

同年,芝加哥黑帮的收入估计为1.08亿美元。卡彭必然是下一个目标。面对威尔逊的税务案和内斯的禁酒案,卡彭可能被判34年监禁,前者将受到重罚,而后者不会,但这已经不重要。这是卡彭犯罪帝国的终结,原因并非枪战、暴力和警察的突袭,而是资产负债表上简单枯燥的事实。芝加哥头号公敌的统治已经结束。

关于疤脸的 5 个事实

1 1932年,卡彭的特制防弹车凯迪拉克被美国财政部没收,后来被政府用作富兰克林·罗斯福总统的豪华轿车。

2 尽管卡彭是芝加哥的代名词,但他只在芝加哥生活了12年。

3 据称,他从未听说过埃利奥特·内斯——政府派来将他绳之以法的特工。

4 在禁酒期间,卡彭暗助美国大众开怀畅饮,而他自己最钟爱的酒品是坦普尔顿黑麦威士忌。

5 他的部下执行了他指使的大部分杀戮,但人们仍认为卡彭亲手杀害了十多人。

卡彭和恶魔岛监狱

他因什么被判刑？

卡彭因三项逃税（1927—1929 年）和两项未能提供报税表（1928—1929 年）的罪名被判处 11 年监禁，他奢侈的生活方式和缺乏合法收入的事实成了法庭上的不利证据。由于担心检方无法定罪，又增加了 11 项逃税和 5000 项违反《沃尔斯特德法案》的指控。

他的辩护是什么？

卡彭的法律团队最初与检方达成协议，承认较轻的指控，服刑 2 年至 5 年，以便卡彭的生意能够照常进行。然而，当细节泄露给媒体后，引起了民愤，交易被迫立即取消，法官严惩了卡彭。

恶魔岛是个"坚不可摧"的监狱吗？

在阿尔卡特拉兹，卡彭的信件被审查，删除禁止的主题和时事的相关内容，禁止看报，所有杂志必须是至少 7 个月前的。只有直系亲属可以隔着玻璃探望这个曾经的犯罪之王。

审判时发生了什么？

当警察从卡彭的暴徒那里得知贿赂陪审团的阴谋时，威尔克森法官突然在法庭上更换了新的陪审团。新的陪审团都来自伊利诺伊州的农村，他们被隔离了一夜，这样一来，芝加哥黑帮就无法接触到他们。威尔克森判处卡彭 11 年监禁，罚款 5 万美元，法庭费用 3 万美元，不得保释。

他为什么被释放？

1939 年 11 月 16 日，由于神经梅毒引起的脑损伤，卡彭获释，由家人照顾。到 1946 年，他的智力降为 12 岁的孩子且患有妄想症。1947 年 1 月 21 日，卡彭中风，25 日，心脏病发作去世，享年 48 岁。

▲ 从1933年到1963年，恶魔岛一直是联邦监狱所在地

从谋杀到屠杀

在血腥的情人节大屠杀中，7人死亡，这是美国帮派火并史上最臭名昭著的一系列谋杀案

在评价禁酒令时期的黑帮暴力场面时，没有任何其他事件的残忍程度可以与情人节大屠杀的恶名相提并论。1929年2月14日，黑帮扮成警察，用机关枪杀害了7名男子，这成为了美国暴力黑社会历史上最残忍的事件。这一杀戮事件引发了成千上万的新闻报道，也是无数的历史剧、小说、纪录片和电影的创作灵感来源。只有少数目击者听到了机关枪的射击声，但它的回声却回荡在世界各地，也宣告了芝加哥最臭名昭著的犯罪头目艾尔·卡彭末日的降临。

在目击者中，多数人认为枪击声是汽车发动机回火的巨响，这在汽车制造初期并不少见。那些怀疑发生枪击事件的人也不会感到惊讶。在1924年至1930年芝加哥爆发的"啤酒大战"的推动下，芝加哥黑帮暴力事件在这十年的后半段已经成为一种普遍现象。

第一个到达现场的警察托马斯·J.洛夫图斯中士看到的是一幅真正恐怖的场景。车库天花板上悬挂的一盏200瓦灯泡散发着怪异的光，当他到达时，6人已死，1人受了重伤。

一名受害者瘫在椅子上，其他人则三三两两地倒在水泥地上。至少有两人——被霰弹枪击中——头部被炸开。洛夫图斯说，在近40年的职业生涯中，从未遇到这样的景象。他待在原地说不出话来，唯一能听到的声音是一只狗的吠声。它被拴在车库里的一辆车上叫个不停。

洛夫图斯镇静了下来，命令一位同事把门闩上。这时他发现有一个人还活着，是弗兰克·古斯伯格，乔治·"疯子"·莫兰经营的爱尔兰北部帮的一员，他是卡彭的竞争对手，与卡彭宿怨已深。

古斯伯格是莫兰的主要枪手之一，洛夫图斯很了解他。警官问躺在地上的这个歹徒发生了什么事，他拒绝解释，但请求给予救助，洛夫图斯向他保证急救车正在路上。然而，古斯伯格不久就死了。当地的报纸虽然缺乏信息，却表现得过

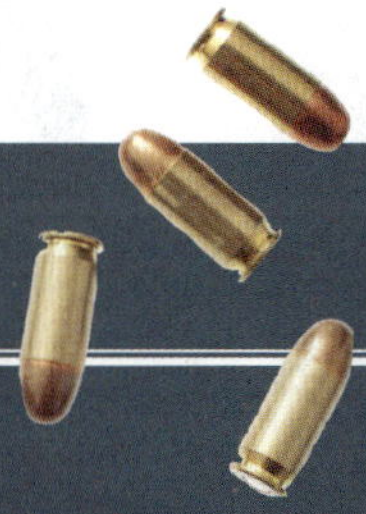

杀手

谁是这场恐怖大屠杀的神秘枪手？

尽管大多数历史学家和调查人员几乎肯定卡彭是这次袭击的幕后黑手，但多年来，就执行这些杀戮的刽子手的真实身份，人们一直存在很大分歧。然而，现在人们普遍认为有5个人对这起袭击至关重要——"杀手"弗雷德·伯克、格斯·温克勒、弗雷德·戈茨、雷·"鹤颈"·纽金特和鲍勃·凯里。其中几个人有其他已知的化名。很多关键的证据来自他们的一个瞭望员拜伦·博尔顿，他在1935年被抓获后向联邦调查局供认了有关屠杀计划的许多细节。约翰·斯卡利斯、阿尔伯特·安塞尔米和约瑟夫·洛洛多等人也被列为杀手，但用历史学家约翰·J.宾德的话说，将这三者结合起来的说法只是一种"所罗门式的妥协，只不过是将各个时期被怀疑的人都包括进来的权宜之计"。温克勒后来说伯克和戈茨穿着制服，用机关枪扫射。

执行杀戮的是被称为伊根老鼠帮的一伙残党，他们在密苏里州圣路易斯市拥有相当大的权力，直到1924年前后。这个新的团伙是由伯克领导，成员鱼龙混杂，在大屠杀当晚，他们中的一部分人充当瞭望员，还有一部分人开着第二辆警车来到车库后面。涉案人数可能多达12人，其他瞭望员被命名为吉米·"瑞典人"·约翰逊和吉米·麦克拉森。他们都是局外人，芝加哥的警察或暴徒对他们一无所知。

卡彭的帮派称他们为美国男孩。

▲ "杀手"弗雷德·伯克被认为是凶手的头目

于活跃,《先驱报》和《考察家报》在早期报道中写下了一句令人难忘的话:昨天,芝加哥黑帮从谋杀升级为屠杀。

其中6名死者是北部帮成员。第七个死者是普通公民验光师雷因哈特·施维默,尽管他也被认为是北部帮的同伙。与此同时,SMC弹匣公司是一个众所周知的恶棍出没地,莫兰团伙的一个分部将此地作为总部。其中三名被枪杀者是该团伙的头号杀手。另外两人是重要特工。

这是一次有针对性的袭击。凶手本来想枪杀莫兰本人。现在看来,应该是街对面的一个瞭望哨误以为莫兰在车库里,向凶手发出了行动信号。

有人认为其中一个匪徒詹姆斯·克拉克和莫兰很像;其他人则声称阿尔伯特·温申克最像莫兰,这似乎令望风的人感到混乱。事实上,莫兰在去车库见手下的路上,发现一辆芝加哥警察使用的黑色凯迪拉克车停在车库外。莫兰担心落入警察的陷阱,于是飞速离开。这一举动无疑救了他的命。他真的躲过一劫。

不同的执法部门之间不愿合作、相互阻挠,

> 目击者称,两名"警官"带着两名双手举在空中的平民离开车库,他们很可能是枪手

受害者

倒在冰冷血泊中的7个人是谁?

虽然历史学家和警方调查人员都认定卡彭就是这次袭击的幕后黑手,但对于究竟是谁制造了这起大屠杀,人们多年来争论不断。但受害者的身份却广为人知。

莱因哈特·施维默
莱因哈特·施维默是一位29岁的验光师。警方起初认为他只是个不幸的无辜旁观者,不过很快就发现他喜欢混迹在罪犯中,可以说是北部帮的一员。北部帮的成员又把他当作"吉祥物"借给他钱。他也是霰弹枪的受害者。

阿尔伯特·卡切列克
卡切列克以"詹姆斯·克拉克"的化名工作,他是一名被定罪的武装抢劫犯,警探将他视为一名冷酷的杀手。他曾担任过莫兰的副手,后来虽然不如之前活跃,但仍与北部帮保持着联系。

阿尔伯特·温申克
阿尔伯特·R.温申克是百老汇的一家地下酒吧阿尔卡扎尔俱乐部的老板,同时也是中央清洁工与染工协会的一名重要官员。芝加哥有很多旅馆和妓院,许多个体经营者为寻求保护买单,这让控制这种贸易成了一项大生意。卡彭盯上了这项生意。

约翰·梅
约翰·梅是一个年轻的机械师,家里有7个孩子。他也是莫兰黑帮的兼职技工。他曾以撬保险柜偷盗为生,后转为以每周50美元的薪水为暴徒修理汽车和卡车。他遭到霰弹枪爆头。

▲ 7人中,除梅和施维默之外,另5名受害者头部都被霰弹击中

验尸官办公室也独立工作,这使得真正的警方调查四处碰壁,但大多数研究人员和历史学家都认为,卡彭就是这起袭击的幕后黑手。警方从未成功为这名臭名昭著的犯罪头目定罪,但所有主要消息来源都一致认为他有充分的动机。

与普遍的看法相反,如今历史学家们认为,卡彭不太可能除掉莫兰以控制芝加哥的整个非法走私行业,不过他对这位老对手以及北部帮的确一直心怀怨恨,而1928年9月,后者在芝加哥打击西西里亚工会头目帕特西·洛洛多的行动加深了这种怨恨。卡彭的帮派和北部帮也在争夺芝加哥赛狗场上的赌博控制权,莫兰还强占了几家卡彭的地下酒吧,坚称这些酒吧在自己的地盘上。

因此,推测卡彭杀死莫兰是有道理的——擒贼先擒王。

至于卡彭雇来实施这起袭击的人选,多年来历史学家们始终莫衷一是——然而现在几位著名专家得出结论,这些袭击者是来自圣路易斯的秘密雇员,卡彭的意大利人帮派称之为"美国男孩"。这群流氓的头目应该是"杀手"弗雷德·伯克,据说他们原来是曾经被称为"伊根老鼠"的顽固圣路易斯团伙成员。早期的报道称枪手有四五个人——这是目击者看到的从警用凯迪拉克中出来并进入车库的人数。而实际上,敢死队人数可能达到十几个人,这包括瞭望哨和第二"警探"小组的一群人。

亚当·海耶

警探们说,海耶是莫兰黑帮的智囊顾问,是他在去年12月租用了车库。他曾在里面做过两件事,一次是抢劫,另一次是骗取信息,他是莫兰的美景赛狗场部分的所有者。

皮特·古森伯格

皮特·古森伯格是莫兰的主要枪手之一,他和他的兄弟一起,曾两次袭击卡彭的枪手"机关枪"杰克·麦根,人们认为这是卡彭决定下令进行屠杀的原因之一。他还参与了迪尔伯恩车站的抢劫案。在那次抢劫案中,他的团伙获利30万美元。

弗兰克·古斯伯格

莫兰的另一个主要枪手弗兰克,和他的兄弟皮特是杀死西西里岛工会主席托尼·隆巴多和帕特西·洛洛尔多的凶手,这激怒了卡彭。据说,弗兰克也是1926年在霍桑酒店袭击卡彭总部的主要枪手之一。

▲ 人群围观运送大屠杀中的尸体

▲ 1934年，案发地SMC弹匣公司成为一家搬家公司，如今这里是停车场

这场大屠杀引起了政府和新闻界对美国犯罪头目的注意，促使著名的大西洋城会议于1929年5月召开，来自全国各地的高层黑帮头目集聚一堂。人们对卡彭明确提出，他需要保持低调，直到事态平息。随后，他离开大西洋城，乘火车前往费城，在（看了一部电影）接近了一些熟悉的警探后，主动投降，希望以持有枪支为由被捕。

一般来说，他不携带武器，在牢内服刑一年后他将不再是众矢之的，对公众来说，卡彭入狱似乎已经伸张了正义。现在，犯罪头目们希望媒体将关注的焦点转移到别处，以便他们继续在暗处行动。

> SMC车库里唯一的幸存者是一只名叫海波的德国牧羊犬，它属于机械师约翰·梅——最终也被处死

在芝加哥，至少有一段时间是和平的，这时的卡彭帮和北部帮和平共处，有时甚至相当愉快。然而此时，卡彭的末日已经来临，尽管他当时对此一无所知。卡彭的入狱只增加了知名度，却削弱了在黑帮的实权。由于莫兰再也没能恢复大屠杀和卡彭被监禁之前的影响力，新一代的黑帮希望趁机抢夺芝加哥黑帮大权。在老政客约翰尼·托里奥的指导下，迈耶·兰斯基、马克斯·霍夫和弗兰克·尼蒂等人站上了角力场。与此同时，政府正在为打击卡彭逃税做准备。

▼ 1935年，真正的埃利奥特·内斯

埃利奥特·内斯的沉浮人生

埃利奥特·内斯和他的"铁面无私"小队出发粉碎艾尔·卡彭。
但他们的滑稽动作大多是为了作秀,
内斯在芝加哥的职业生涯也不那么辉煌

2014年,美国参议员理查德·杜尔宾、雪洛德·布朗和马克·柯克提议向禁酒令联邦侦探埃利奥特·内斯致敬。为了表彰内斯作为法律和秩序执行者的英雄事迹,他们想用他的名字重新命名位于华盛顿特区的烟酒枪支和爆炸物局的国家总部。如果这些英雄事迹的真实性毫无争议,那么这一提议带来的争议也就不复存在了。对许多反对者来说,几十年来书籍、电视节目和电影塑造

▲ 美国大萧条时期,芝加哥警察包围了装有武器的车辆

谁是"铁面无私"小队?

内斯亲手挑选了11名精英队员。他们的工作是执法和维护守法公民的安全!

莱尔·查普曼
　　查普曼侦查员以优异成绩毕业于科尔盖特大学,并在第一次世界大战期间担任美国陆军中尉。内斯的自传称他为"学者查普曼",但他文武双全。

巴尼·克洛南
　　克洛南是一名重量级爱尔兰特工,他因在一场争斗中的出色表现美名远扬。内斯在1932年发现,实际上克洛南收受卡彭贿赂,不是那么"铁面无私"……

马丁·J.拉哈特
　　"马丁"·拉哈特是美国联邦调查局中成长最快的年轻才俊之一,随后被内斯纳入麾下。这位好斗的前海军陆战队员是爱尔兰裔美国人,也是肖恩·康纳利1987年《铁面无私》电影中令人难忘的虚构角色"马龙"的原形。

威廉·加德纳
　　北美原住民齐佩瓦族的加德纳在"一战"前曾是美式足球比赛选手和教练。在法国服完兵役后,他转而从事法律事业。这位最年长的50岁"铁面无私"小队队员凭借惊人的身材和外表,在卧底工作中表现出了过人的才华。

迈克·金
　　分析员迈克·金是负责分析数据和策略的人。他说这项工作"大多是例行公事","在突袭或调查期间,我们从未遇到过真正的危险"。

乔·利森
　　在第一次世界大战期间利森曾在海军服役4年,此后他一直是美国铁路公司的锅炉制造商和维修工程师。1928年转行成为一名禁酒探员后,他成为局里有名的专业司机,特别擅长秘密尾随其他车辆。

保罗·W.罗布斯基
　　罗布斯基是一名窃听专家、飞车手和狙击手,这些都是他在1917年至1927年在部队服役期间学到的技术。他在1928年成为一名禁酒探员。内斯称他为"需要比平常更大勇气时的好伙伴"。他比所有同事都长寿,并写了一本自传《最后的铁面无私之人》。

塞缪尔·M.西格
　　在加入内斯的队伍之前,西格曾是纽约臭名昭著的辛辛监狱的死囚管教人员。他和乔·利森一起负责了"铁面无私"小队对卡彭的第一次成功突袭。

托马斯·弗里尔
　　弗里尔是一名来自宾夕法尼亚州的前州警,他代表着这支精英队伍里兢兢业业的美国"普通"警察。

吉姆·西利
　　西利是内斯团队的新成员。他的本领是数据分析和侦查,这要归功于他以前的私家侦探生涯。

阿尔·沃尔夫
　　沃尔夫从来都不是"铁面无私"小队的正式成员,这位联邦调查局新手探员为内斯做秘密卧底工作,从未见过其他队员。他被称为"壁纸沃尔夫",因为在突袭时他会没收"除壁纸以外的一切"。

的内斯形象几乎完全是虚构的,这个神化角色的原型虽然有一定成就,但远非故事中那般传奇。"因粉碎卡彭的事迹以他的名字命名一座建筑?"《最后的呼唤:禁酒令的兴衰》一书的作者丹尼尔·奥克伦特轻蔑地说,"那你不妨用蝙蝠侠的名字来命名。"

显然,内斯并不是这位斗篷骑士的灵感来源,但他确实为另一位连环画英雄提供了原型。方下巴的犯罪斗士迪克·特雷西最早出现在20世纪30年代初,由漫画家切斯特·古尔德创作。在后来的几年里,这个角色与怪胎搏斗,但他的早期辖区和内斯的一样,是在芝加哥(漫画中这座城市没有名字,但人们很清楚它在哪里)。他的敌人暴徒——"大男孩卡普瑞斯",显然是以艾尔·卡彭为原型的。

古尔德在1934年说："当得知黑帮和罪犯逃避法律制裁时，我总是感到不舒服。正因如此，我塑造了迪克·特雷西这个侦探人物，他既可以击毙这些公敌，也可以把他们关进监狱。"这与几年前的1929年，埃利奥特·内斯和他的"铁面无私"小队成立的原因大同小异。

埃利奥特·内斯是土生土长的芝加哥人。他的父母都是挪威移民，都是理性负责任的中产阶级公民，二人经营着一家面包店并将自己的职业道德教授给5个孩子，其中1903年4月19日出生的埃利奥特是最小的孩子。小埃利奥特在面包店工作，送报纸，在芝加哥南区的丰尔高中表现不错而且喜欢读书，尤其是悬疑故事。他的穿着总是非常讲究，这让学校的朋友们戏称他为"优雅的小混混"。他的大姐克拉拉嫁给了一个名叫亚历山大·杰米的男人，他是美国财政部禁酒处的工作人员，内斯找到了他的伟大榜样。事实证明，杰米对内斯的成长有着深远的影响，激发了他对执法和侦探工作的热情并教会他如何射击。

内斯于1925年毕业于芝加哥大学，获得政治学、商业和商业管理一级学位，随后在芝加哥零售信贷公司担任了一年的调查员。然后他又回到学术界，在奥古斯特·沃尔默的指导下继续研究生学业，沃尔默是刑事司法新领域的先驱。1928年内斯完成学业时，杰米已经是禁酒处的首席调查员，他把内斯招入禁酒处从事特工工作。杰米本人将升任联邦调查局芝加哥

▲ 美国电视犯罪节目《铁面无私的人》中的明星们（自左至右）：阿贝尔·费尔南德斯、保罗·皮塞尼、罗伯特·斯塔克（扮演埃利奥特·内斯）和尼古拉斯·乔治亚德

▲ 禁酒期间没收的酒厂设备

分局局长。

1928年，艾尔·卡彭达到了权力的巅峰，但他没有意识到，从那里走下去的唯一道路是下坡。卡彭没落的最初迹象已经显现出来。他曾试图离开芝加哥并将业务扩展到更远的地方。新上任的芝加哥警察局长迈克·休斯承诺为打击暴徒活动，派出数百名警员巡逻街头。芝加哥犯罪委员会新任主席赫伯特·胡佛决心制裁卡彭。芝加哥市长或许仍对卡彭睁一只眼闭一只眼，但其他机构已经受够了在他的阴影下生活。胡佛请来联邦检察官乔治·EQ.约翰逊处理这一情况，约翰逊随后又委托财政部部长埃尔默·艾利和国税局探员威尔逊对卡彭的财务展开详细调查。约翰逊双管齐下攻击卡彭的第二项行动是对他实际行动的攻击：在行动进行中致其瘫痪。

为了实施第二步行动，约翰逊招募内斯组建了一个团队，这时的内斯已经为自己赢得了一个刚正不阿的"童子军"名声。此时芝加哥的执法人员腐败成风，卡彭本人对内斯提出每周2000美元（几乎相当于内斯一年挣的钱）的报酬，希望借此维持酒类非法流动的现状，但被内斯拒绝了。"我可能只是一个穷面包师的儿子，"他常说，"但埃利奥特·内斯是无法被收买的，一周两千、一万或十万都买不到。"

内斯最终的团队由包括自己在内的十几个人组成。内斯从50多名申请者中挑选出的这些人像内斯一样，证明了他们不受恐吓或贿赂。他们从全国各地被招募而来，其中一些人是"一战"老兵，内斯看中了他们的特殊本领，希望使整个团队如虎添翼。

"我简单描述了希望队员拥有的所有素质，"内斯后来在自传中这样描述，"（这些人应该）单身，年龄不超过30岁，（具有）长时间工作的意志力和体力，以及使用拳头或枪支和特殊调查技术的勇气和能力。我需要一个优秀的窃听员，一个能快速准确地窃听电话的人。我需要优秀的司机，因为我们的成功很大程度上取决于他们能否熟练地跟踪黑帮的汽车和卡车……这些人还必须是芝加哥黑帮不认识的其他部门的新面孔。"

这个由廉洁的硬汉组成的团队几乎一诞生便立刻被芝加哥一家报纸称为"铁面无私"。这个名字保留了下来，虽然真正为卡彭定罪的努力——揭露其逃税的平淡无奇的工作——是由踏实做事的艾瑞和威尔逊秘密进行的，但内斯和他的队员们却凭借更华丽的特技登上了头条。当然，他们成功地为卡彭制造了不少麻烦，但其本质上相当于一个公关公司。这起效了。卡彭之前在一些圈子里赢得了罗宾汉形象的名声，甚至被媒体所喜爱，因为媒体总是可以靠他进行炒作，但"铁面无私"小队的到来将人们对这场较量的看法转变为一个大好人和黑帮恶徒的对决，这次卡彭是邪恶的一方。卡彭的主要收入来源是生产非法酒的酿酒厂，因此，内斯和他的手下立即开始监视购买卡彭酒的地下酒吧，以便跟踪运送酒桶回到原产地的卡车。一旦确定了一家酿酒厂的具体地点（有些规模很大，在他们的建筑中占据了多个楼层），内斯就会突然想到一种

> 卡彭和内斯终于见面了，内斯是护送卡彭上火车并把他送进监狱的警官之一

▲ 1929年，正在办案的芝加哥警方

▲ 科斯特纳与肖恩·康纳利（饰演虚构的"马龙"）和导演布莱恩·德·帕尔马合影

攻其不备的战术，那就是在一辆平板卡车前面安装上雪犁以冲破大门。这一过程的速度和暴力令建筑物内的人没有时间逃走，事实上也没有迹象表明突袭即将发生。震惊的卡彭的员工不得不袖手旁观，看着内斯和他的队员摧毁储存的啤酒和威士忌桶，让酒和卡彭的利润付诸东流。

卡彭和他的手下再也无法自由安全地在外行动。他们只能换掉卡车，取而代之的是用普通汽车运送走私酒桶的低效率方案，但这样一来一次只能运4桶酒。内斯窃听得来的通话记录显示，卡彭越发心烦意乱，最重要的原因是面前的对手实在令他费解。如果不接受贿赂也不害怕恐吓，

那么他们选择了什么？传说有人通过车窗向内斯团队的两个人扔了一包钱，他们的反应是追到那些人，然后把钱还给他们。

有人企图杀害内斯和他的手下。但内斯的反应是坚持有条不紊地继续作战方针。他安排人们驾驶卡彭被没收的卡车游行经过卡彭的酒店。关于卡彭暴怒的报道成了传奇。当内斯窃听到卡彭的一个地下酒吧因为没有酒可以送过去而断货时，内斯知道他赢了。

然而，问题是这些仍然是公关的胜利，并不足以导致卡彭最终垮台。禁酒令是一项不受欢迎的法律，芝加哥法律界的感觉是，鉴于卡彭的

当"铁面无私"队员在外面吵闹的时候，弗兰克·威尔逊正独自投入一项真正能"抓住"卡彭的工作。

活动最终提供了人们想要的酒精饮料,公众及任何陪审团仍可能在法庭上对他网开一面。公众不能容忍的是税务欺诈,这也是卡彭最终被起诉的罪名。当"铁面无私"队员在外面吵闹的时候,弗兰克·威尔逊正独自投入一项真正能"抓住"卡彭的工作。这位黑帮歹徒,可能担心过谋杀指控,却无暇顾及自己的税务违规行为。

威尔逊和内斯一样,在他自己的专业领域里享有很高的声誉。他的同事埃尔默·L.艾利说,威尔逊"无所畏惧",如果他想找到什么东西,他会"一天18个小时,一周7天,永远静静地坐在那里查阅资料。"威尔逊对任何可能与卡彭的金融业务有关的文件进行了详尽的搜索,最终发现卡彭对灰狗赛道的关心,它的分类账上偶尔会提到对某个被称为"艾尔"的人的大额付款。威尔逊花了三个星期的时间仔细检查银行存款、选民登记等各类文件,试图辨认"艾尔"的笔迹,令人难以置信的是,终于在一家西塞罗银行的存款单上找到了。笔迹属于一个名叫舒姆韦的簿记员,他同意就卡彭收入的这一部分作证。内斯在捣毁酒厂的时候,这些笔迹真正引发了卡彭的倒台。在西塞罗,一个名叫赖斯的人被发现(在麻袋里)存了大量现金,随后将其兑换成银行本票然后返给卡彭。

赖斯也被强迫作证。卡彭注意到舒姆韦和赖斯两人都失踪了(可能是被保护性拘留),在得知被金融调查后,卡彭雇用刺客准备刺杀威尔逊。当得知州检察官办公室已经注意到手下的暴

▲ 1929年,两名男子用斧头销毁没收的酒桶

▲ 1947年，埃利奥特·内斯在克利夫兰竞选市长的标志，1973年仍然可见

阿巴拉契亚山脉的一名酒税工作人员：该山因其臭名昭著的违禁酒蒸馏厂得名"私酿山"。他以一天一起的惊人速度打击非法走私活动。一年之内，阿巴拉契亚山脉的非法酒厂几乎全部倒闭。

1934年，内斯调到俄亥俄州克利夫兰市，一年后，市长哈罗德·伯顿聘请他担任该市负责警察和消防部门的安全主管。新闻界热情地报道了内斯的任职，内斯与媒体保持着友好的关系，这曾使他在芝加哥受益匪浅。"如果有人知道这里的犯罪情况，"一篇社论说，"那么这个人就是内斯。只要他当选，这个消息对黑社会产生的震慑作用相当于多了一个警察中队。"

伯顿是在一个法律和秩序的平台上当选的，他承诺要与黑社会犯罪和警察、消防部门内部的腐败斗争到底。内斯立即着手为他清理城镇。当时松散混乱腐败的克利夫兰执法机构最初对内斯印象平平，他在第一次会议上似乎表现得温和且书呆子气十足，但他们很快意识到内斯远不止如此。对诚实之人来说，内斯是公平的，他告诉人们，自己愿意随时提供帮助，并努力为他们提供以前可能由于资金不足或立法不足而缺乏的设备。而那些道德败坏的人则成了他密切关注的调查对象，内斯甚至像在芝加哥那样动用窃听手段。

徒并试图最终为自己定罪，卡彭取消了这次袭击。最后，随着威尔逊的财政部案获得了确凿的证据，1931年6月大陪审团以23项逃税罪起诉卡彭，他被判处在恐怖的恶魔岛监狱服刑11年，卡彭的统治就此结束。

年仅28岁的内斯发现自己处境尴尬，他成了人们眼中把卡彭打倒的人，然而事实并非如此。在内斯大张旗鼓地对抗卡彭后，这个黑帮的真正灭亡对这位新手特工来说来得过于仓促。"铁面无私"小队解散后成员分道扬镳，内斯继续在芝加哥禁酒局工作并被提升为首席调查员。1933年，禁酒令废除后，他成为俄亥俄州南部、肯塔基州和田纳西州

> 当禁酒局改变了探员的最低年龄要求时，内斯为了保住工作而修改了出生日期

他雇用了一个新的"铁面无私"团队，这次被称为"秘密六人组"，这群人并非克利夫兰当地警察，因此与克利夫兰警察局没有所属关系。他提拔了诚实能干的警官，降职了奸诈无能的警官（他甚至把警探局局长埃米特·波茨打了个措手不及）。

1937年，美国杂志上一篇文章以内斯的名义夸耀道："这位科学侦探带着无辜的微笑，最近召集了100名证人，判定两名警长受贿罪成立，并起诉了另外7名法律监护人。""（他）亲自领导了对黑帮、赌徒和副官们的突袭行动，并从克利夫兰带回了由敲诈勒索者驱动的产业。他已经从警察、消防和建筑部门开除了不称职的人和政治上的附庸，并教训'男孩们'，惹恼内斯一伙无异于玩火自焚！"

他采取实际行动，走访了他辖区中的每一个地区。"我不会做一个远程导演，"他承诺道，"我会好好护住这座城市。"他不仅关心分内的事，还关注其他事情，也许这一时期他最大的成就是关闭了哈佛俱乐部的黑帮赌博窝点，尽管严格意义上，这不属于他的管辖范围。这次突袭虽然规模不大，但逮捕了20名歹徒并封锁了一个臭名昭著的机构。在场媒体为内斯拍照，并大肆宣扬内斯的招牌"铁面无私"小队已经来到克利夫兰。这一公关机器还在运行。

然而内斯的不幸在于他早早达到了职业生涯的巅峰，从20世纪40年代起，他在克利夫兰的职业生涯开始急剧下滑。在经历了一场狼狈的离婚后（1929年他第一次结婚，接下来的20年里再婚了两次），他正直的名声受到了影响。内斯热衷社交的酒鬼名声传播开来，一家媒体用讽刺的口吻报道了这位曾经的禁酒令执行人的现状。当他卷入一起酒后驾车事故时，这个多年来努力铲除警察部门腐败的人试图掩盖这一事件，但没有成功。在由此引发的丑闻中，他被迫辞去克利夫兰安全主管的职务。

他随后搬到华盛顿特区为联邦政府工作，其工作重点之一是打击美国军事基地周围的卖淫活动。他还尝试过几次创办新企业，但都失败了。他最终成了生产保险箱的迪堡公司的董事长，

真实与虚构

埃利奥特·内斯留下了一个丰富多彩的打击犯罪的故事，但小说比事实更令人兴奋……

20世纪50年代末和60年代，《铁面无私》成为一部成功的电视连续剧，这部电视连续剧又是布莱恩·德·帕尔马于1987年拍摄的大片的灵感来源。凯文·科斯特纳在影片中饰演埃利奥特·内斯，罗伯特·德尼罗饰演艾尔·卡彭。然而，除了这两个中心人物之外，影片中的其他部分几乎全是虚构的。

影片中除内斯外，只有4个"铁面无私"小队队员。除了内斯，没有一个取材于真正的队员。肖恩·康纳利扮演的角色马龙部来自爱尔兰裔美国人马丁·J.拉哈特（这个人物在当时比影片中年轻许多）。但查尔斯·马丁·史密斯的会计角色"奥斯卡·华莱士"的原型应该是弗兰克·威尔逊，他根本不是铁面无私队员。这个角色出现在电影中的小分队里，能方便地将卡彭最终逃税被捕的故事融入到铁面无私小队自己的故事中。实际上，内斯和威尔逊的工作是完全分开的。

卡彭和内斯在审判前从未见过面，而这部电影让他们有了很多交集。内斯的角色有妻子和女儿，但在"铁面无私"小队的那两年，内斯其实是单身汉。在影片中，内斯把卡彭的执行者弗兰克·尼蒂（比利·德拉戈饰）从屋顶上扔下来杀死了他。实际上根本没这回事。卡彭去了恶魔岛之后，尼蒂接管了卡彭的产业。他在1943年自杀，当时他知道法律对他很不利。

▲ 尽管人们认为内斯是打垮卡彭的人,但实际上是弗兰克·J.威尔逊和他的团队

1947年,他又回到克利夫兰竞选市长,这一不明智的举动让他在竞选期间耗尽了积蓄又背负了巨额债务,但还是以二比一被彻底击败。迪博尔德将他开除出董事会,他生命中最后一份工作相对卑微:批发电子元件和向餐馆出售冷冻汉堡。最后,他来到了宾夕法尼亚州的乡村小镇考德斯波特市。内斯执法专家的声誉让他在一家专门为文件添加水印以防止伪造的公司获得了一个职位。在那个小镇上,他再次成了大人物,即便他只能在酒吧里讲述着芝加哥辉煌岁月的故事。

在听众好评的鼓舞下,他开始与联合出版社国际体育记者奥斯卡·弗雷利合作写自传。"铁面无私"小队被美化得五光十色,行动如火如荼:枪战和汽车追逐,高尚的人面对匪徒和奸诈警察的卑鄙恶行挺身而出。1931年,切斯特·古尔德以年轻的内斯为灵感塑造了迪克·特雷西这一人物。1957年,内斯在迪克·特雷西的形象中重塑了自己的人生故事。

同年,内斯死于心脏病,享年54岁,他的书在他去世后出版,轰动一时,卖出150万册。他的故事首先启发了一部成功的电视剧,30年后,又成就了一部立即被认可为现代经典的电影。如今公众心目中的"埃利奥特·内斯"可以说是凯文·科斯特纳塑造的角色,而不是真人。但鉴于内斯晚年体面尽失,他本人一定十分庆幸,人们口耳相传的是自己的英雄故事。

▼ 在1959—1963年的美国电视剧中,罗伯特·斯塔克饰演内斯

在电影和电视剧中,内斯的好战性格是虚构的,内斯本人讨厌枪,他经常戴着一个空的肩枪套

最后的命令

- 172 为了喝酒的斗争
- 183 把酒桶滚出来
- 188 为禁酒令举杯
- 194 如果……禁酒令继续,会怎样?
- 201 高尚实验
- 207 禁酒令挥之不去的阴影

为了喝酒的斗争

虽然他们暂时被禁酒运动压制下去,但那些提倡合法出售和消费酒精的人最终取得了胜利

著名的百威啤酒马车迈着活泼的步伐,走进百威英博酿造公司所在地密苏里州圣路易斯的街道,开始了一次全国性的产品宣传活动。他们的行程包括向位于华盛顿特区的白宫运送一箱啤酒。

百威英博运动始于1933年4月7日,此时距离美国国会修正《沃尔斯特德法案》重新定义"致醉"饮料的标准仅过去了3周——致醉饮料的最低标准从0.5%的酒精含量提高到3.2%,啤酒回来了。富兰克林·D.罗斯福总统很快签署了《卡伦哈里森法案》,俗称"啤酒法案"。"我想现在是喝啤酒的好时机。"他打趣道。

那年年底,禁酒令成为过去式。1933年12月5日,宪法《第二十一修正案》废除了禁止销售、运输和消费酒品的法律。禁酒令执行13年后,在美国买卖酒类再次合法。在"禁酒"的大多数岁月里,废除1920年颁布的《第十八修正案》的可能性似乎微乎其微。然而,当初反对禁

▲ 一位妇女在汽车轮胎罩上贴上标语，以此来表达自己的反禁酒情绪

药房繁荣

许多零售药店在禁酒期间从酒类销售中获利数百万美元并扩大了经营范围

禁酒的意外后果之一是药店零售业的繁荣。只要花6美元,普通美国人就可以在不违法的情况下获得酒精。在医生处花3美元得到处方,再前往街角的药店另花3美元,"病人"就可以把药酒装在棕色纸袋里带回家,再过一个多星期便可以如法炮制。

据估计,美国医生在禁酒期间获得了惊人的4000万美元利润,药剂师和零售药连锁店也通过这种做法获得了意外之财。当今药房行业中的常见品牌沃尔格林在禁酒期间规模惊人。这家总部位于芝加哥的连锁店在20世纪20年代实现了难以置信的飞速增长,在20世纪末,它的业务从1920年的20家店面扩展到了遍布美国的525家店面。

管理层称,沃尔格林实现巨大增长依靠的是一支杰出的领导团队及其商业头脑、药店饮料吧台销售的一种流行于全国的芝加哥产冰激凌及雇员伊瓦尔·库尔森在1922年发明的麦芽奶昔。虽然这些因素都有助于沃尔格林在禁酒时代的盈利,但毫无疑问,出售法律批准的药用酒精是沃尔格林和其他医药零售商利润迅速增长的主要推动力。

▲ 当不忙着配制药用酒精时,这个禁酒时代的药剂师正在用研钵和杵混合药物

酒的声音从未随着时间的流逝而完全消失。这项措施的意外后果也放大了这一声音。

虽然禁酒令旨在根除美国滥用酒精饮料的现象及解决困扰现代社会的许多弊病——酗酒、健康问题、家庭暴力和生产力下降——然而事实是,这些改善就算有也转瞬即逝。

统计数据证明禁酒初期饮酒量的确有所下降,但最终又再次上升。与此同时,那些一定要喝一杯的人会决心找到酒源,那些看到赚钱机会的人愿意在必要时违法提供这种酒品。

黑社会犯罪在禁酒期间就开始了,而在其他情况下,守法的公民如果买卖酒精就会成为违法者。地下酒吧的出现甚至美化了非法饮酒,咆哮的20世纪20年代的社会现象也因此繁荣起来。

随着时间的推移,那些禁酒倡导者承诺的好处越发模糊。执法人员和民选官员简直腐败成风,因为黑帮歹徒的贿赂让他们对酒类黑市活动视而不见。

1932年,支持富兰克林·罗斯福总统竞选的反禁酒人士的胸针上写着"快乐的日子又回来了"

尽管统计数据表明暴力犯罪水平保持稳定，但帮派之争和敌对黑帮分子的残忍谋杀占据了报纸头条，这给美国普通人留下了一种印象：好像在这些大城市，法律都是一纸空文。

1913年批准的分级联邦所得税并不受欢迎，禁酒倡导者支持这项税款，希望以此代替流失的酒精相关税收。然而，随着大萧条的爆发，所得税数额下降，联邦政府开始把废除禁酒令看作国库筹集紧缺资金的一种手段。对法律的基本尊重随着时间的推移而逐渐削弱，人们也公然违抗禁酒法规。受污染的酒精进入了混合饮料，所谓的"劣质威士忌"致死、致残或致盲了成千上万人。每一种情况都损害了禁酒令的效力和信条。

在禁酒令实施之前和实施期间，至少有40个组织反对这项措施。

这些团体以"反禁酒联盟"、"美国淡酒熊联盟"、"国家自由党"、"美国好伙计"和"1776社会"等名义公开反对禁酒主义者，并抓住禁酒令实施过程中的每一个漏洞为己所用。

反禁酒令修正案协会是最著名的反禁酒令组织之一，1918年由美国前海军上尉威廉·H.斯泰顿创建。在《第十八修正案》批准后，该协会的成员数量和影响力大幅增长。斯泰顿关心的领域超出了与酒精有关的法律，涉及州和地方自治权对联邦干预力的削弱等切实问题。该协会的成员既有共和党人也有民主党人，没有特定的宗教信仰，要求成员每年缴纳1美元会费。到1921年，该组织有10万名成员，但第二年成员增加了近5倍，达到45万人，1926年年中达到72.6万人。

反禁酒令修正案协会是同类组织中最大的一

▲ 民主党全国委员会主席约翰·J.拉斯科布在国会作证，证明他为反对禁酒令修正案协会的贡献

▲ 国家禁酒改革妇女组织领导人波林·莫顿·萨宾登上《时代》杂志封面

个，成立后不久，著名的德裔美国土木工程师、布鲁克林大桥的设计师和建设者约翰·罗伯林为其捐赠了10000美元。

1921年到1926年，这一组织筹集了80多万美元，用于鼓励旨在改革禁酒令的努力，这些努力要么是推动执行更有效的法律，要么只是敦促人们不要关注这项未能取得任何预期效果的法律。

斯泰顿很早就开始努力改变选民对禁酒的看法。然而，他很快意识到，吸引有权势和有影响力的人的支持，可能比单纯依靠人数更有效，随后，成为反对禁酒令修正案协会成员的有皮埃尔、艾琳和拉姆莫特·杜邦，他们是杜邦集团和同伴创始家族的富有领袖；约翰·J.科贝，他曾与杜邦集团和通用汽车公司合作，还负责纽约帝国大厦的建设；詹姆斯·W.沃兹沃思，一位来自纽约的共和党政治家、美国国会议员和参议员，他在禁酒令颁布前就预测到犯罪和公民藐视法律的风潮将蔓延；还有《纽约论坛报》编辑、当地著名政治家亨利·H.柯伦。

随着反对禁酒令修正案协会的发展，斯泰顿成了董事会主席，这些名人也是董事会成员，而柯伦则担任总经理，实权在由皮埃尔·杜邦领导的执行委员会。当拉斯科布成为民主党全国主席并努力在党内形成废除《第十八修正案》的政治立场，这个资金充足、组织严密的组织获得了进一步的影响力。在1928年的一次宣传活动中，协会积极出版宣传手册以激起对禁酒令的反对情绪。其中《禁酒令的执行：对法庭和监狱的影响》详细说明了维持充斥着酗酒罪犯的监狱和法庭系统所花费的成本，这些罪犯填满监狱更让法庭积案成灾。其他出版物还有：《用霰弹枪改变美国：一项关于禁酒令杀人的研究》，揭示了在执行禁酒令过程中发生的谋杀事件的数量；《加拿大酒类越境》，该书称每年有超过100万加仑的加拿大威士忌入境，其中只有5%到10%在走私过境时被截获。

1932年，民主党领导层同意将废除禁酒令写入总统竞选纲领后，柯伦的继任者反对禁酒令修正案协会主席朱厄特·肖斯努力使废除禁酒令成为总统竞选的中心议题。该组织继续印发小册

斯泰顿关心的领域超出了与酒精有关的法律。

子；其中，《衡量酒类贸易》指出，自颁布禁酒令以来，酗酒和死于酗酒的人数有所增加；《禁酒令的费用和所得税》描述了禁酒令损失的联邦税收；《禁酒令的丑闻》描述了影响五大城市的腐败和犯罪——底特律、芝加哥、匹兹堡、布法罗和费城。

时机一到，反禁酒令修正案协会聘请的律师协助起草了废除禁酒令的文书《第二十一修正案》。他们还通过国会指导废除《第十八修正案》，并指导各州完成州内废除程序。1933年该组织解散后，几个主要成员继续反对罗斯福新政日益增强的中央政府权威，建立了美国自由联盟。

反对禁酒令修正案协会成功与其他反禁酒令团体合作，包括由波林·莫顿·萨宾于1929年创立的全国禁酒改革妇女组织。尽管萨宾早些时候曾支持禁酒，但她之后改变了自己的看法，因为这项措施似乎无法带来积极的改革。当妇女基督教戒酒联盟主席艾拉·亚历山大·布勒在国会听证会上说："我代表美国妇女！"萨宾会这么想："好吧，女士，这里有一个你不能代表的女人。"

萨宾之前曾参与过全国妇女共和党俱乐部并利用她的组织技能强化了全国禁酒改革妇女组织。它早期的目标之一是让人们注意到那些表面支持禁酒，但在私下继续喝酒的政客的虚伪行径；沟通建立起来不同人群的委员会，传递废除禁酒令的信息。不到一年，全国禁酒改革妇女组织的成员就增加到10万人，到1931年春天，已经有30万人。到1932年11月，它拥有110万成员，禁酒令最终被废除时，成员人数已攀升到150万。一些历史学家声称，这些数字被夸大了，即便如此，全国禁酒改革妇女组织无疑是美国同类组织中最大的一个，而且它的规模远远大于妇女基督教戒酒联盟。

最大的反对派

马萨诸塞州国会议员乔治·丁克汉姆反对禁酒令，但支持美国南部黑人的投票权

在禁酒议题国会听证会上，马萨诸塞众议员乔治·H.丁克汉姆强迫反沙龙联盟领导人韦恩·惠勒大声宣读反对《第十八修正案》的组织名称。这份长长的名单包括25个以上的团体。丁克汉姆直言不讳地反对禁酒令，称之为"违宪、压迫且暴虐"。他是华盛顿特区新闻界口中"国会最坚定的反禁酒派"的代号，同时坚决捍卫了非裔美国人的投票权，他谴责国会在这件事上没有做出决断，并称吉姆·克劳法①事实上是"有史以来最严重的选举舞弊"。

丁克汉姆1915年至1943年在国会任职，代表波士顿后海湾地区。他喜欢狩猎大型猎物，经常长途跋涉去非洲，还是"一战"老兵，他自称拉动了149毫米口径火炮上的点火拉绳，是第一个向奥地利人开火的美国人。他说："我并非一开始就打算这么做，但我无法抵挡诱惑。"丁克汉姆去世后，媒体称他是"力挺酗酒、最具冒险精神、最有特色的国会议员"。

▲ 马萨诸塞州国会议员乔治·H.丁克汉姆曾直言不讳地反对禁酒，被认为是"最坚定的反禁酒派"立法者之一

① 泛指1876年至1965年美国南部各州及边境各州对有色人种（主要针对非洲裔美国人，也包含其他族群）实施种族隔离制度的法律。

国家禁酒委员会主席D.利·科尔文将全国禁酒改革妇女组织描述为"这些饥渴的酗酒女人，和这一组织产生的酒鬼一样，为实现酒品合法化愿意榨干死者的每一分钱！"另一个政敌对萨宾尖叫道："我每晚都跪下祈祷上帝诅咒你的灵魂！"尽管如此，这位全国禁酒改革妇女组织领导人还是在1932年7月18日登上了《时代》杂志封面，此时距离禁酒令废除仅一年多一点。一开始，禁酒令积极分子肯定低估了全国禁酒改革妇女组织蓬勃发展的政治力量。

卫理公会戒酒、禁酒和公共道德委员会的一名成员将萨宾的组织描述为"禁酒令下一小群不自在的饮酒社会女性"。与此同时，佐治亚州妇女基督教禁酒联盟的领导人自信地喊道："至于萨宾夫人和那些喝鸡尾酒的女人，我们要活过她们，打败她们，憎恨她们，诋毁她们，诅咒她们，在选举中击败她们！"禁酒令结束时，这位妇女基督教禁酒联盟官员发现自己错了。结束"高尚实验"的投票结果是三比一。

反禁酒运动的其他组成人员包括劳工组织和那些认为《第十八修正案》歧视移民的人，这些移民来到美国寻求财富，带来了他们的欧洲传统，包括围绕酒精饮料的日常商业和消费。另一些人则只是认为，禁酒令是政府过度干预美国公民私生活的一个例子。他们对联邦政府的这种行为持谨慎态度并寻求补救方法。

数以百万计的美国人在禁酒之前合法享受酒

▲ 前禁酒探员伊兹·爱因斯坦和莫伊·史密斯在禁酒令结束时举杯庆祝

▲ 禁酒令废除数小时后，成群结队的购物者在纽约布卢明代尔百货公司合法买酒

▲ 富兰克林·D.罗斯福总统在晚宴上喝酒。罗斯福的竞选纲领之一是废除禁酒令

精饮料，虽然富人可能凌驾于法律之上，在禁酒之前囤积了大量的酒并且经常光顾城市里的那些地下酒吧，但当普通工人想要喝一杯时，他肯定会惹麻烦上身，即使只是想在吃晚餐时喝上一杯普通的葡萄酒或啤酒。拥有酒精可能会给穷人带来麻烦以及行为不检点的指控。劳工组织特别关注的是，将酒精含量0.5%的啤酒贴上"致醉饮料"的标签的做法是不公正的。他们的领导人来到国会发出警告，"执行这一法律可能严重威胁工人阶级的安宁"。他们认为，禁酒令会引发内乱并助长帮派相关犯罪。

强大的美国劳工联合会强烈反对禁酒令并要求对啤酒进行豁免，他们主张将致醉饮料的酒精含量标准提高到2.75%。成员以26475票对4000票，在该组织内部获得了压倒性支持。然

征收联邦所得税需要通过美国宪法《第二十一修正案》

而，这项努力并没有成功。

尽管已经通过《第十八修正案》，但这个"高尚实验"一开始就不得人心。随着列举执行禁酒令的具体法规《沃尔斯特德法案》的通过，执法过程中又暴露出问题。联邦、州和地方执法

▲ 1920年，数千名挥舞国旗的示威者走上华盛顿特区的街头，抗议禁酒令

政府批准谋杀吗?

增加工业酒精的毒性无疑会导致死亡,尽管如此,美国政府还是允许了这一做法

政府在知道增加工业酒精毒性将导致死亡的前提下仍参与其中,如果社会上的反禁酒力量大肆渲染这一点,一场涉及立法者和禁酒倡导者的丑闻可能暴发。多年来,工业酒精受到高毒性甲醇或木醇污染,并以此逃避酒精消费税。

然而在禁酒期间,引入了一种更有效的"变性"酒精以抑制工业酒精作为饮料的进一步消费。1927年《时代》杂志报道,每100份可饮用乙醇中含有4份甲醇、2.25份吡啶碱和0.5份苯的配方,经政府批准成为新标准。《时代》杂志还指出,只要喝三杯这种物质就可能导致失明。

尽管死亡也是喝工业酒精的副作用,但反沙龙联盟领导人韦恩·惠勒对此并不在意。他解释说:"政府没有义务在宪法禁酒的情况下向人民提供可饮用的酒。喝这种工业酒精的人是蓄意自杀……根除一个恶习,需要付出许多生命和多年的努力。"然而,新泽西州参议员爱德华·爱德华兹称这种做法为"合法谋杀",毕竟有人因此丧命。

▲ 参议员爱德华兹(左起第一位)在华盛顿发表讲话后,与高官合影留念。他称工业酒的"变性"为"合法谋杀"

人员太少,无法有效将罪犯绳之以法,当一个人被审判、定罪和监禁时,又很快出现了其他罪犯。走私犯、朗姆酒贩子和私酒酿造者春风得意,在禁酒期间参与贩卖酒精饮料的人几乎全都获得了巨大的利润。

日益猖獗的犯罪活动、喧嚣的20世纪20年代的享乐主义风潮、大萧条的突然爆发等因素迫使联邦政府寻求新的税收来源,以及只想安心喝一杯酒的民众的厌倦情绪,共同预示着禁酒令的终结。稳扎稳打、有条不紊的反禁酒主义者未能阻止《第十八修正案》的通过,但他们坚持行使权利,最终取得了胜利。然而,禁酒时期给美国社会留下了不可磨灭的印记并永远改变了美国社会格局,禁酒令进程的转折似乎有些讽刺,其后续影响更多的在于对国家变革的辅助作用,且并未在既定目标上取得任何实际长期的成果。

▲ 实业家皮埃尔·杜邦对美国国会表示赞成废除《第十八修正案》

▲ 一个装潢华丽的大酒桶强调了反禁酒令抗议活动的意义,呼吁联邦政府平衡预算

▼ 美国人不遗余力来提升士气、积聚财富。1933年废除禁酒令值得人们欢庆

把酒桶滚出来

暴力流血事件使禁酒令名声扫地，但并没有为它画上句号。华尔街股灾、大萧条、政治和文化等因素也发挥了作用

禁酒令的结束是由几个不同的因素决定的，每一个单独的因素都不足以促成它的终结。这并不仅仅是改变一条法律那么简单，《第二十一修正案》需要一段时间作出政治安排。即使在1933年禁酒令结束后，各州仍在酒精问题上各自为政。一些州几乎立刻接受废除，而另一些州对禁酒的态度则更加强硬。最后一个废除禁酒令的密西西比州坚持到了1966年。时至今日，许多县的当地法律和法令仍主张禁酒，其中包括田纳西州的摩尔郡，但讽刺的是，这里是杰克·丹尼尔酿酒厂的所在地。

1929年的华尔街股灾和大萧条对美国的政治社会格局的影响甚至超过了禁酒令。几天之内，美国就陷入了金融崩溃，随之而来的是一场旋风式的经济危机。数百万人失去了他们的财富、工作和家园。许多人背井离乡寻找工作，数千家企业倒闭。1929年股灾破坏力如此之大，使美国股价直到1954年才恢复到股灾前的水

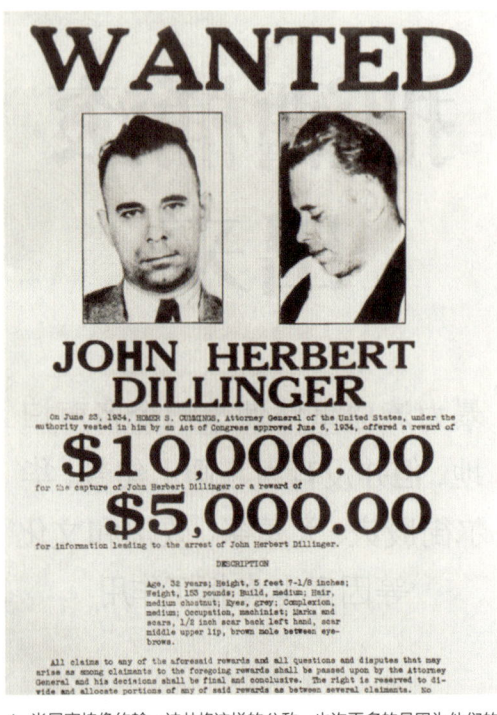

▲ 当局害怕像约翰·迪林格这样的公敌，也许更多的是因为他们的公众声望而非他们犯下的罪行

平。甚至数百家小银行也倒闭了。很少有美国人同情银行家，他们将危机归咎于银行家。许多美国人认为，政客们袖手旁观，任由银行家和金融家毁掉美国经济。

富兰克林·罗斯福总统面临着艰巨的任务，此时稳定美国经济都捉襟见肘，更不用说恢复任何繁荣的表象或公众对美国政治和企业家的信心。随着物质条件的恶化，普通人对那些他们认为应对此负有责任的人的态度也在恶化。

终止禁酒令应该可以在创造就业、刺激投资和增加税收的同时，缓解公众的不信任和敌意。它还将消灭市场上的致命"浴缸杜松子酒"和类似的有毒啤酒，从而根除其带来的健康问题。随着合法饮料再次供应，美国人将不再喝那些非法贩子提供的可能致命的"浴缸杜松子酒"。

股灾和经济大萧条并没有提高禁酒令的受欢迎程度，正如禁酒令没能治愈美国人的酗酒问题一样。不过，它们确实为废除该法案提供了强大的推动力。提倡合法酒品的回归本身就足以带来许多选票。税收和投资可能带来的收入对资金短缺的联邦政府具有难以置信的吸引力。任何能促进就业并使美国走上经济复苏之路的举措都将大受欢迎。

禁酒令做不到这一点，更别提它带来的问题和失败。反之，废除该法案将很受欢迎，这将为所有美国人带来真正的好处，而不仅仅是那些高层人士。随着啤酒和葡萄酒的流通，投资、就业和收入也会反弹，这将及时提振国民士气。国民经济复苏对罗斯福和普通美国人一样具有吸引力，罗斯福希望自己的名字和新政与之紧密相连。

在政治上，废除禁酒令并不是当时最紧迫的问题，数百万人失业，无家可归，人们背井离乡前往任何可能有工作的地方。然而这是一个能打动选民并使人在华盛顿立足的议题。罗斯福可能是美国比较有原则的政治家之一，但他仍然是一个政治家。

他需要向听众推销废除禁酒令和他的新政，这些听众已经厌烦了政客的许诺和银行家的拙劣手段。银行纷纷倒闭，强盗们也不知道银行已经空空如也，因此抢劫银行时常常空手而归。

1929年以后，犯罪也没有减少。诚然，走私者的日子基本上过得很好，而人民公敌的好日子才刚刚开始。从华盛顿的角度来看，更糟糕的是，许多银行劫匪、绑架者和"犯罪浪潮"杀手在禁酒期间初显身手，并在大萧条期间获得了惊人的公众支持。

> 改装车比赛是从走私犯用于甩掉追捕的警察和税务人员的改装私家车发展而来

大萧条时期的走私

禁酒令造成了人们对法律和秩序的蔑视。废除禁酒令并没有阻止一些走私者，特别是在南方，走私者仍然继续他们的贸易

私酿威士忌早在南北战争之前就是南方的传统，不管是华尔街股灾、禁酒令还是大萧条都没能阻止非法行业的繁荣，如果说它们对这一行业有任何影响，那便是对其发展起到了促进作用。这里有现成的市场，有很多隐蔽的地方可以藏匿蒸馏器，南方人认为这是他们历史和文化的一部分。

私酿者经常在夜间从事这一秘密工作，因此得名"moonshiner"（字面意思为月光下的工作者）。他们在禁酒期间春风得意，禁酒令废除后仍逃避联邦税收并经常与当地法律官员和联邦"税务人员"交火，私酿者驾驶的"威士忌车"最终催生了改装赛车和改装赛车赛事。

私酿威士忌是世世代代传下来的家族手艺。父亲教儿子制造廉价烈性私酒，这种私酒通常比城市私贩提供的浴缸杜松子酒安全得多。在禁酒令生效之前，他们不顾联邦法律努力工作，现在仍然如此。联邦政府至今仍在突击搜查蒸馏器和库存酒以追捕私酿者。

约翰·华莱士来自南方富有的家族，拥有一个在当地被称为"王国"的巨大种植园。几十年来，华莱士让私酿者在自己的土地上经营并从中赚取大量利润。这些人除了服从之外几乎没有选择。1948年4月，华莱士因未经授权的酒类走私交易谋杀了威廉·特纳，之后于1950年定罪。他是佐治亚州第一个根据黑人证人的证词被处决的白人。

▲ 私酿威士忌现象并非从禁酒令时代开始，也不是以废除禁酒令结束。在南方，这是一个传统，也是一项生意

人民公敌的疯狂行为多年来为报业和新闻业创造了"奇迹"。许多美国人认为银行家抢劫了自己，像约翰·迪林格这样的人抢劫（有时是为了赎金而绑架）的就是这样的银行家。1934年，因谋杀罪被处决的迪林格同伙、银行劫匪哈里·皮蓬特代表许多普通人说："至少我不是抢劫普通人的银行行长。如果你有勇气的话，你可能会像我一样。"

出于对失去房屋和生意的人的同情，弗洛伊德抢劫银行时销毁了抵押贷款文件。迪林格意识到，赢得公众的同情至关重要，他也很清楚银行是由政府担保的。在一次银行抢劫中，他退还了一张证人的工资支票："我们不要你的钱，只要银行的钱。"

美国的政治精英们对人民公敌的恐惧程度和许多普通美国人对这些人的钦佩程度相当。他们认为，人民公敌越是成为公众偶像，美国社会秩序的裂痕就越大：闻所未闻的失业率、破产率、无家可归率和大批外出务工的迁移人口，再加上普通美国人对有负于自己的权威人物的蔑视。或

▲ 从有到无。即使是美国最富有最成功的人也被1929年的华尔街股灾夺走了一切

者正如剧作家贝托尔特·布莱希特所说："法律只为一件事而制定，那就是剥削那些不懂法的或因赤裸裸的苦难而不能守法的人。"

就社会和经济层面而言，禁酒令、1929年股灾和大萧条为利用经济危机和社会衰退的犯罪和暴徒提供了完美的温床。废除禁酒令前，这个时代许多最臭名昭著的罪犯都参与了非法酒类交易，随后取而代之的是武装抢劫和绑架勒索。通过打击财富和特权的象征人物，他们吸引的不是公众的厌恶，而是公众的钦佩。

他们并不总是善待受害者。1934年，啤酒厂继承人、商业国有银行行长爱德华·布雷默被巴克·卡皮斯团伙绑架，几乎没有得到任何公众同情。在失望、绝望、愤怒和沮丧的驱使下，许多曾经的守法公民受到人民公敌气势的感染，加入了他们的行列。

印第安纳州武装抢劫犯约翰·迪·史密斯是成千上万年轻人中的典型，他们没有稳定的工作，在大萧条时期转向犯罪。年轻、反社会、叛逆和鲁莽，他们的态度是由他们所处的时代和他们常常崇拜的犯罪人物所催生的："我们家几乎没有钱。我在高中念了

> 罗斯福新政并没有得到大众的赞赏，有人认为新政未免过左，但对其他人来说还不够

股灾和大萧条并没有提高禁酒令的受欢迎程度，正如禁酒令没能治愈美国人的酗酒问题一样。

一年,然后就辍学了。我16岁,想工作,但没有工作可做。所以我拿走了我想要的东西,没考虑更多。"

禁酒令导致史密斯对权威的漠视。1929年的股灾使他失去了正常工作的机会,而大萧条导致的贫困使他的犯罪欲越发强烈。对史密斯来说,犯罪是不值得的。1935年,史密斯在抢劫案中因谋杀店主阿莉·福斯特获罪,并于1938年7月1日被处以电刑,当时他只有22岁。

禁酒令、华尔街股灾和大萧条的结合永远地改变了美国。此后,社会观念、犯罪、政治和生活都发生了巨大的变化。这些变化是好是坏仍值得商榷,就像今天美国的社会弊病一样,没有简单的答案。禁酒令就是一种对一系列复杂的社会、道德和政治问题做出的幼稚回答。

▲ 曾经被许多禁酒主义者视为天然盟友的女性群体如今站在废除禁酒运动的最前线

罗斯福啤酒法案

1933年的《卡伦哈里森法案》将生产啤酒和葡萄酒合法化。
它还促进了就业、增加了投资和税收收入

以倡议者名字命名的《卡伦哈里森法案》在近14年的禁酒之后,使啤酒生产合法化。这一法案的通过利用反对禁酒令的声音和为资金匮乏的国家创造就业、投资和税收的优势,将帮助罗斯福提高在选民中的支持率。

与贫困、失业和经济崩溃相比,废除该法案并非当务之急,但它对罗斯福来说无疑是有益的,对国家也有好处。新的啤酒厂将服务于一个永远也无法满足的需求,同时提供在啤酒相关行业就业和投资的机会。随着啤酒厂的蓬勃发展,啤酒花、酵母、大麦、酿造设备的生产也将蓬勃发展,事实上与啤酒相关的一切甚至啤酒瓶上的标签生产都将受到刺激。

反过来,可以从源头开始向啤酒征税,员工和企业将获利并纳税,酒吧业将蓬勃发展。罗斯福很清楚,给予公众想要的东西将为他赢得选票。

这一举动的确大受欢迎,赢得了呼吁酒精团体的好感,甚至为务实的禁酒主义者提供了挽回脸面的机会:接受废除禁酒令是对国家有利,尽管他们

▲ 罗斯福总统签署了《卡伦哈里森法案》。很多人都认为这是喝啤酒的好时机

的个人喜好并非如此。正如罗斯福在国家电台的一次"炉边谈话"中所说:"我认为现在是喝啤酒的好时机。"

为禁酒令举杯

这项"高尚实验"旨在减少犯罪和提高道德水准,但经过近14年的努力,效果似乎适得其反

1933年4月14日午夜过后的一分钟,一辆卡车驶出艾布纳德鲁里啤酒厂,沿着华盛顿特区黑暗的街道出发。这并非为了躲避禁酒探员,趁着夜色暗中逃跑——事实上,司机并没有做任何违法的事情。富兰克林·罗斯福总统最近签署了一项法案,多年来第一次允许销售低度数的酒品,之后他说:"我认为现在是喝啤酒的好时机。"

这家长期关闭的酿酒厂的老板乐意效劳。在法律生效的那一刻,他把送货车开到了白宫,车上有几个箱子,旁边写着"罗斯福总统,第一箱啤酒给你"的牌子。当它到达宾夕法尼亚大道时,那里已经聚集起了一群旁观者和媒体,6名夏威夷吉他手给现场带来了真正的派对气氛。然而,其中一个不喜欢这一时刻的人是罗斯福本人,他已经上床睡觉了。所以当晚守卫大门的海军陆战队员享用了标志性的第一口合法啤酒。禁酒令要到年底才能废除,但最后的命令已经下达。

在美国宪法的27项修正案中,有10项是权利法案,其中2项涉及禁酒令

▲ 这家纽约酒吧的顾客13年来第一次合法地举杯，庆祝禁酒令的结束

庆祝《第二十一修正案》

1933年12月5日,美国人举杯庆祝废除禁酒令,这也是自酿酒、走私酒和地下酒吧的结束

犹他州于1933年12月5日批准《第二十一修正案》的消息一传开,当晚的准备工作就开始了。禁酒令一结束,仓库或船上堆积如山的啤酒、葡萄酒和烈酒立即被装上卡车送到旅馆和餐馆。一些商家担心库存不足或不能及时办理执照,甚至从已经废弃的地下酒吧买了酒。

在全国各地的城市里,人们聚集在一起享受着近14年来的第一杯合法酒。那天深夜,俱乐部和酒吧里都能听到"快乐的日子又回来了"的合唱。这就是说,罗斯福总统在当天早些时候的公告中要求"理性庆祝",他一定对废除禁酒令时人们行为的文明程度感到满意。一份报纸的头条写道:"纽约以安静的克制来庆祝。"

这种有些温和的反应可能是由于许多美国人在禁酒令期间喝了酒,倘若有什么不同的话,那就是喝合法的酒没那么刺激了。此外,酒品的合法化在这一年中一直在发展,包括1933年3月的《卡伦哈里森法案》,且12月5日的消息并不意味着所有州废除禁酒令,不是每个人都有庆祝的心情。尽管如此,很多人还是会在第二天早上醒来时经历一种不同的宿醉,一种合法的宿醉。直到今天,美国人还在他们最喜欢的酒吧里庆祝废除禁酒日。

整个20世纪20年代,反对派的人数一直比卡彭的收入数目还要大,这让美国人清楚地认识到,国家禁酒令是不可执行的,而且一直都是。否则,守法的公民就会很容易喝上一杯,尽管经常被污染的非法酒品会对健康造成危害又使他们暴露在一个充斥着走私、地下酒吧和黑帮的世界中。

犯罪与黑社会帝国处于上升期,对官员的信任似乎因为地方性的腐败而下降。暴力事件在情人节大屠杀事件中达到顶峰,当时一群卡彭手下的匪徒在芝加哥的一个车库里枪杀了一个敌对帮派的7名成员。关于这起大规模谋杀案,耸人听闻的头条新闻引起了美国全国的愤怒,也促使"禁酒派"总统赫伯特·胡佛任命一个委员会评估执法系统并提出改进建议。

不过,如果胡佛希望威克斯汉姆委员会能巩固他的地位,那他就错了。11个委员会成员未能达成共识,导致1931年发表的一份深入报告充满了相互矛盾、令人困惑的意见。调查结果不能忽视美国在执法方面的严重失误及美国人对遵守禁酒令的蔑视,这无疑支持了"酗酒派"的意见,然而报告的总体基调是反对废除《第十八修正案》。胡佛声称这是一场胜利,但为时已晚。

1929年华尔街股灾后,大萧条给美国带来了沉重打击,人们迫切需要喝上一杯。更重要的是,终止禁酒令的经济诱因凸显出来。从黑社会犯罪集团手中夺回酒精生产、分销和销售将意味着产生数千个工作岗位并缓解税收紧缺。据估计,政府在禁酒期间损失了近110亿美元,同时为执行禁酒令花费了数亿美元。

尽管大多数美国人反对禁酒令,但并不是所有人都认为废除禁酒令是解决问题的办法。

▲ 在以压倒性优势赢得选举后,民主党富兰克林·D.罗斯福于1933年3月4日就任总统。在这一年,他结束了禁酒令

▲ 一家酿酒厂,像美国国内许多其他的酿酒厂一样,生产一大堆的啤酒箱,期待着废除禁酒令的那一天

要求废除禁酒令的组织层出不穷，包括修改《沃尔斯特德法案》全国委员会、十字军及全国禁酒改革妇女组织。后者由一位幻想破灭的禁酒主义者波林·萨宾创建，她曾宣称"一个没有酒的世界将更加美好"，并以拥有150万会员而自豪。尽管大多数美国人反对禁酒令——其中一项民调显示，74%的人反对继续禁酒，但并不是所有人都认为废除禁酒令是解决问题的办法。来自得克萨斯州的民主党参议员、《第十八修正案》的制订者之一莫里斯·谢泼德表示，如果《第十八修正案》可以废除，"尾巴拴着华盛顿纪念碑的蜂鸟便能飞到火星上"。

然而，当1932年的总统选举来临时，谢泼德的政党不同意他的观点。由于共和党人支持现任胡佛的立场，民主党人紧抓民意，将结束禁酒令作为竞选方针。总统候选人纽约州州长罗斯福并非强烈主张废除该法案，但他承诺，如果成功入主白宫，废除禁酒令将成为一项基本政策。

在他们制作的竞选标牌上，罗斯福和他的竞选伙伴约翰·南斯加纳站在一杯起泡的啤酒旁边。在新泽西州西格特的一次演讲中，罗斯福谈到了禁酒令的"巨大失误"。他在8月27日说："越来越明显的是，在我们这个新的机械化的文明中，致醉饮料的滥用没有存在的空间。目前采取的禁酒措施在全国大多数地方一败涂地。"罗斯福以压倒性优势获胜，民主党赢得了众议院和参议院的多数席位。

甚至在罗斯福就职之前，国会就提出了一项新的宪法修正案以废除《第十八修正案》，并将其提交各州批准。然而，罗斯福相信批准《第二十一修正案》可能需要数年时间，因此就职几周后，在1933年3月22日签署了《卡伦哈里森法案》。这一文件修改了《沃尔斯特德法案》，允许生产和销售酒精含量不超过3.2%的啤酒和葡萄酒，这类酒被认为度数过低而不能令人醉酒。很快，像艾布纳·德鲁里之类的酿酒厂开始清洁

废除禁酒令后的禁酒州

直到今天，在禁酒令结束80多年后，仍有约1800万美国人生活在禁酒地区

1933年，禁酒令在美国并没有消失。《第二十一修正案》的通过结束了国家对酒品生产、销售和分销的禁酒令，但第二条允许各州自行管理有关"致醉液体"的运输和进口的法律。因此，尽管到1934年已有38个州批准了这项修正案（最后一个是蒙大拿州），但仍有少数几个州选择保留这项禁酒令。南卡罗来纳州甚至完全拒绝废除《第十八修正案》。渐渐地，这些州也废除了禁酒令，但直到1966年，密西西比州才最后一个结束禁酒令。即便如此，"地方选择权"法律仍赋予县、市和镇投票决定是否维持禁酒的权力。如今，美国仍有200多个禁酒县横跨数十个州，包括阿肯色州75个县中的37个县和肯塔基州所有县的1/4。与该地区接壤的内布拉斯加州怀特克莱镇则是"微湿区"，这座仅有14名常住人口的小镇便开设了4家酒品专卖店，每年向松岭居民销售的啤酒近500万罐。

▲ 1966年密西西比州结束禁酒令后，密西西比州第一家酒肆遗址上的一块纪念匾

▲ 当第一辆满载啤酒的卡车驶离雅各布·鲁伯特在纽约的酿酒厂时,人们欢呼起来

设备,重新开始营业。

各州通过《第二十一修正案》的进度比想象中更快。从4月10日密歇根州通过,到12月5日犹他州成为第36个批准的州,通过州的总数超过了所需的多数,美国历史上第一次废除了《第十八修正案》,结束了联邦禁酒令。"我们必须永远摆脱走私犯的威胁,以及那些牺牲了良好的政府、法律和秩序牟利的人的威胁,"罗斯福在废除后的公告中写道,"我相信美国人民的良知,他们不会让自己成为酒精的俘虏,损害健康、道德和社会的完整性。"

数以百万计的美国人庆祝禁酒令的结束,商业活动因此蓬勃发展,不仅是酒精制造业,酒桶和酒桶制造、运输及酒店、餐馆和酒吧等娱乐设施也是如此。约50万人找到了工作。然而,《第二十一修正案》并不一定意味着完全取消禁酒令,因为它赋予了各州在本州境内管制酒品的权力。一些州继续禁酒长达多年甚至数十年。在国家一级,禁酒令这个"高尚实验"持续了13年10个月19天,留下了复杂的遗产。

废除禁酒令带来的数亿美元资助了罗斯福新政,使国家摆脱了大萧条。罗斯福在经济复苏中所做的工作和在"二战"中所发挥的领导作用,使他成为人们心中美国历史上最伟大的总统之一,然而,在他的成就中,最重要的应该是他迅速果断地决定让美国人喝上酒。

> 三K党捍卫禁酒令的目的是"净化"国家。这导致许多人支持废除禁酒令

如果……
禁酒令继续，会怎样？

禁酒令，美国，1933 年

杰克·布洛克博士

杰克·布洛克是加拿大西安大略大学附属学院休伦大学学院历史荣誉退休教授。他撰写和编辑了6本关于酒精使用和戒酒改革历史的书籍，与别人合著《现代史上的酒和戒酒：国际百科全书》（2003年）。他还为《美国公共卫生杂志》撰写了一篇题为《禁酒令真的有效吗？》的文章。

黛博拉·托纳博士

黛博拉·托纳博士是英国莱斯特大学现代史讲师。她的研究和教学兴趣主要集中在墨西哥和美国的酒精社会和文化史上。她还创办了沃里克饮酒研究网，这是一个围绕酒精及其在社会中的地位进行历史和当代辩论的学术论坛。

如果禁酒令没有在1933年被废除呢？

杰克·布洛克：很难想象国家禁酒令的执行情况会有所改善，如果禁酒令仍然有效，情况应会继续恶化。问题是《第十八修正案》规定的州与联邦政府之间的权力划分。这在20世纪20年代引起了一些问题，因为一些州在执法方面投入的资源很少，将整个负担留给了联邦政府，而联邦政府本身没有足够的资金来完成执法工作。因此，对禁酒令的执行从未达到《沃尔斯特德法案》规定的水平。由于各州和联邦政府（因1929年的大萧条）财政收入吃紧，接下来情况不太可能好转，所以20世纪30年代执法力度很有可能会进一步减弱。

黑社会犯罪会增加吗？

黛博拉·托纳：在这种情况下，很难想象有组织犯罪如何被控制。这是大多数人眼中禁酒令带来的一个关键问题，在禁酒令生效之前，犯罪网络至少存在了40到50年，有组织犯罪的激增即由此而来。

在禁酒令带来的巨大新经济机会下，有组织犯罪迅速扩张。因此，接下来人们可能将看到：黑社会犯罪和与帮派斗争相关的暴力犯罪进一步升级，如同今天美国和其他地方的毒品交易组织之间的冲突。如果（当局）对禁酒令继续保持强硬态度，犯罪组织可能会大规模升级。这种延续将刺激在这两个非法行业（毒品和酒精）中形成大规模犯罪组织团伙，正如今天毒品行业中出现的垄断联盟。

在犯罪率上升的情况下，禁酒令是否有可能幸免于难？

布洛克：任何运输、销售、制造或进口酒类的人都可以被定义为罪犯，但他们可能不是犯罪组织的一部分。换言之，执法力度的弱化可能为普通市民开辟了很大的空间，让他们自己制作酒并在朋友之间传播。执法力度的下降也可能减少了公众眼中禁酒令带来的一个真正问题，因为当真正执法时，禁酒探员和走私犯在街上爆发枪战。美国公民可能会说："反正法律的作用也不大，而我们如果能够获得酒，街上的枪战也不会发生。"因此，禁酒令可能幸存下来，尽管或可能是因为执法的弱化。

如果修改了禁酒令，它还能持续更长时间吗？

托纳：我的观点是，只有禁酒派或者说禁酒派游说团体同意改进《沃尔斯特德法案》执行禁酒令的方式，禁酒令才能不被废除。如果这种情况真的发生了，禁酒令以一种修订后的形式保留下来，那么，禁酒令的许多目标都会实现。例如，随着这一变化，更多的资源将被用于打击艾尔·卡彭等暴徒领导的更高级别的黑社会犯罪组织。

布洛克：20世纪20年代长期存在的一个提议是修改禁酒令，允许消费啤酒和淡葡萄酒。如果这一改变得以实现，禁酒令可能将持续相当长的时间，众所周知，啤酒和葡萄酒消费是如今人均酒类消费的最大占比。可以想象：1933年之后，一项修正后的禁酒令将持续很久。

那会更成功吗？

托纳：如果在执行禁酒令方面采取一种更为温和的做法，减少普通美国人的负担，集中资源打击最高级别的有组织犯罪，那么我们可能会看到的是一种更有效的禁酒进程。在禁酒期间，如果啤酒和淡葡萄酒这样的酒类合法化，即使烈性酒和其他高度数的酒精饮料仍然是非法的，黑社会犯罪的市场也将大大缩小。我发自内心地认为，如果在20世纪20年代实现了这一变化，尤其是啤酒和葡萄酒的合法化，禁酒令将持续很长一段时间。

是否出现过禁酒令不被废除的转折点？

布洛克：这一转折点可能出现在1928年赫伯特·胡佛当选（美国总统）后的20年代末。他成立了威克沙姆委员会研究禁酒令，如果它建议修改禁酒令，禁酒令的命运可能出现转折。但那时主要的禁酒组织"反沙龙联盟"陷入了极度混乱的境地，而仍有很多人继续支持国家禁酒令，因此，如果他们建议修改禁酒令，可能会引发政治风暴。

托纳：20世纪20年代中后期，有人继续试图说服政府对《沃尔斯特德法案》进行修改，以使啤酒和葡萄酒等酒品合法化。但禁酒派游说团体的成员，特别是由反沙龙联盟领导的成员拒绝支持对《沃尔斯特德法案》或《第十八修正案》的任何修改。事实上，正是这种不妥协且不愿意以任何方式妥协的态度把支持禁酒令和废除禁酒令的两大阵营推向了完全相反的立场。

如果禁酒令保持不变，经济会如何发展？

托纳：禁酒令有可能造成了20世纪30年代的一段根深蒂固的萧条时期。从50年代开始，提高工人生产力、提高个人储蓄水平等方面成效明显。这些都是禁酒运动者在禁酒令生效前的主要目标，但在20世纪20年代，由于人们失业、税收下降等连锁反应，这种对经济的影响并没有

▲ 如果禁酒令没有被废除,
它可能会导致暴乱和街头冲突

明显显现出来。大萧条时期的美国形势严峻,继续实行禁酒令甚至可能加强大萧条的影响。我们必须思考的是,如何拒绝吸引越来越多的普通人走上犯罪道路的诱惑。如果有组织犯罪规模进一步扩大,那么政府需要进一步采取措施应对黑社会犯罪。在大萧条时期,政府拥有的资源越来越少,不得不在执法上花更多的钱,这并不意味着一幅美好的经济图景。

如果没有废除禁酒令,是否会激励其他国家尝试实行禁酒令?

布洛克:20世纪初,其他一些国家和地区采取了禁酒令形式。也有世界反酗酒联盟等国际禁酒组织致力于禁酒,我认为,废除美国禁酒令,对推动这项改革国际化的努力是一个真正的沉重打击。如果不废除,禁酒令很可能在全世界广泛流行。

▲ 卡彭(中)是美国政府在禁酒令时期最大的敌人之一

如果对禁酒令采取强硬态度,黑社会犯罪很有可能会大规模升级。

不同的可能
真实时间轴

1919
● **《第十八修正案》**
美国宪法《第十八修正案》获得批准,禁止生产、运输和销售酒精。那一年晚些时候,这个国家开始禁酒。
1919 年 1 月 16 日

● **禁酒令的执行**
超过 1500 个联邦禁酒探员开始严格执行《沃尔斯特德法案》。
1920 年 1 月 17 日

● **禁酒斗争**
在资源紧张的情况下,政府努力执行禁酒令,这让酒类的犯罪团伙获得巨大财富和影响力。
1921—1928 年

● **威克斯汉姆委员会**
胡佛成立了威克斯汉姆委员会,分析禁酒令的效果,提出改进意见,以期降低犯罪率。
1929 年 5 月 20 日

● **大萧条**
1929 年 10 月的华尔街股灾使美国经济陷入低迷。
1929 年 10 月

● **禁酒令的最终决定**
威克沙姆委员会必须就以下问题做出决定:修改禁酒令或是强力执法以打击犯罪。
1931 年 1 月 6 日

真实时间轴

另一时间轴

如果禁酒令持续下去，是否会影响美国参与"二战"？

托纳：如果禁酒令继续实施并对经济造成非常严重的影响，唯一可能阻止美国参与"二战"的是经济形势。但人们普遍认为，"二战"带来的出口和制造商品及武器的额外机会带来了经济复苏，即使禁酒令继续，情况可能还是如此。如果继续致力于禁酒，向世界其他地区输出一种道德理想化社会，可能将增强国际社会对美国的认同感，这种对美国外交政策的暗示性宣传可能因继续禁酒而得到加强。

如果不在1933年废除禁酒令，禁酒令还能持续多久？

托纳：如果修改后的禁酒令出台，可能会根据地方利益被逐步取消，取而代之的是监管制度，其任务完成便相当于取消禁酒令。禁酒令另一种形式可能已经持续了几十年，在一些州，禁酒令至今仍然有效。但我认为，修正后的禁酒令最多能持续到20世纪60年代或70年代。如果禁酒令保持原始激进态度，那么很难猜测它将如何长期存在。日益增长的经济压力、黑社会犯罪现象激增及在这一问题上与世界其他地区的普遍不同步，很可能使美国在第二次世界大战之前就不堪重负。从"二战"后美国的经济需求来看，很难看出这种激进的禁酒令将如何存活。

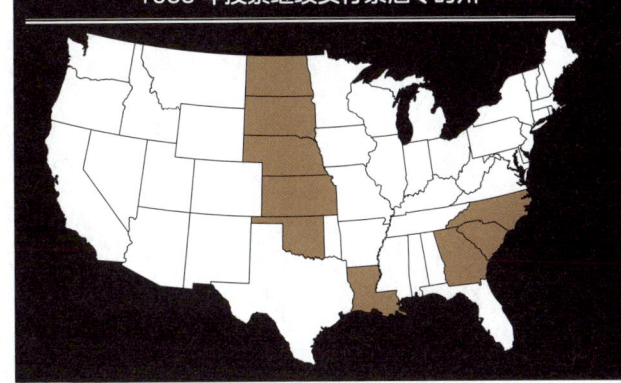

1933年投票继续实行禁酒令的州

持续执行禁酒令甚至可能加强（经济）萧条的形势。

● **执法水平提高**
威克斯汉姆委员会建议加大执法力度以确保美国各地遵守禁酒令，但这并不成功。
1931年1月7日

● **禁酒令废除**
美国宪法《第二十一修正案》废除了《第十八修正案》，使酒类的销售和消费重新合法化。
1933年12月5日

● **第二次世界大战**
新经济繁荣下的美国进入了第二次世界大战，扭转战争局面使之对盟国有利。
1942年

● **局部禁酒仍在继续**
美国仍有几个州继续保留了某种形式的禁酒令，但允许分销某些种类的酒品。
1960年

● **新政**
罗斯福"新政"的经济复苏计划使美国走出大萧条的泥潭。
1936年

● **大型帮派**
大型黑社会犯罪团伙层出不穷，完全控制了国内酒精和毒品的交易。
1938年

● **修改禁酒令**
威克斯汉姆委员会建议修改禁酒令，允许人们消费啤酒和淡葡萄酒等低度酒。
1931年1月7日

● **禁酒令继续**
尽管禁止酒类的法律放宽允许饮用较淡酒水，但禁酒令的继续使打击贩卖烈性酒的犯罪团伙越发困难。
1933年12月5日

● **经济恶化**
尽管罗斯福在他的新政经济计划中尽了最大的努力，但持续的禁酒行动使美国经济变得更加糟糕。
1936年

● **第二次世界大战**
美国进入第二次世界大战，为这个病态的国家提供了急需的经济刺激，也加强了禁酒事业。
1942年

● **禁酒令废除**
禁酒令最终被废除，也许是因为它已经实现了它的目标，也许是因为它无法维持，尽管一些州保留了它们的反酒精法。
1960年

▲ 在芝加哥的"邋遢乔"酒吧，酒保在倒酒，人们在庆祝禁酒令的结束

高尚实验

曾被称为"高尚实验"的禁酒令的初衷是带来节制和体面,却反而带来了暴力、腐败和死亡

这一"高尚实验"有一个糟糕的开始和悲惨的结局。1920年1月16日午夜刚过,此时距离《沃尔斯特德法案》生效还有几周,各大城市的帮派正在悄悄地囤积啤酒、葡萄酒和烈酒。当局又给了渴望喝酒的美国人额外的24小时,1月17日凌晨1点左右,第一次重大的反禁酒罪行被记录在案。在后来成为禁酒令流血事件中心的芝加哥,6名武装人员劫持了一辆载有价值约10万美元威士忌的火车。

禁酒令的负面影响是持久的,且远比人们预料的要严重得多。至今人们仍能感受到这一法令的影响。正如啤酒巨头、黑帮老大艾尔·卡彭所言:"法律不能解渴。"

他是对的——禁酒并不能解决禁酒主义者眼中美国的酗酒问题。而废除法令也不能治愈禁酒令造成的损害。在短短的13年里,它造成了大规模的流血伤亡和持久的破坏。在《沃尔斯特德法案》出台前,美国合法酒饮行业年收入高达20亿

1928年7月1日,走私犯和敲诈勒索犯弗兰基·耶鲁犯下了纽约第一宗使用汤米枪的黑社会谋杀案

烈酒和鸡尾酒

美味时尚的鸡尾酒发明于禁酒期间。它们鲜艳的颜色和甜美的味道隐藏着一个潜在的致命秘密

新加坡司令鸡尾酒、伏特加橙汁鸡尾酒、冰冻柠檬糖汁汽水杜松子酒等酒至今仍然存在,但它们的历史比表面看起来更黑暗且令人不快。走私者不仅出售正宗的葡萄酒、啤酒和烈酒,还经常出售致命的自制饮料。

这种饮料有浴缸杜松子酒、胡克酒、波普骷髅酒、棺材清漆和许多其他名称,它们通常含有致命的有毒添加剂以提高其烈度。"罐装热"又称"海湾朗姆酒",是最糟糕的假酒。这种由掺假的牙买加生姜制成的有毒饮料会引起失明、幻觉、精神病和器官衰竭等疾病。

突袭仓库后,人们经常在被没收的库存酒品中添加硫酸和碘等化学物质,使其无法饮用。走私者通过腐败的警察和其他官员秘密地购回他们的库存,只是添加颜色和调味品掩盖其糟糕味道,然后再卖给任何愿意喝的人。成千上万的美国人因此致盲、致残或死亡。

肯尼思·奥尔索普在《走私者:芝加哥禁酒时代的故事》一书中这样描述这种酒:"芝加哥市的一位化学家分析一批被扣押的走私酒时,在实验室的水槽上洒了一点,结果它把表层的珐琅腐蚀掉了。"

浴缸杜松子酒实际上是在浴缸里混合的,通常用松节油增加其刺激性。除了使它毒性更强,松节油没有改善口味。为了让这些致命饮料更可口,酒保们进行了试验,添加颜色和味道使饮酒者更喜欢它。"鸡尾酒"的名字来源于一种色彩鲜艳的鸟尾。

▲ 鸡尾酒起源于禁酒令,倘若没有加入松节油或硫酸,就会健康得多

美元。之后,它经历了历史上最腐败且血迹斑斑的时期之一。

酒类生意一夜之间就被交给了黑社会,锁、库存和酒桶通通归黑帮所有,现在酒类成了违禁品,价格也随之暴涨。在禁酒之前,喝一杯像样的威士忌平均需要25美分;在禁酒期间,一杯酒可能被各种致命化学物质污染,不管瓶子的标签上写的是什么,成本都会超过75美分。这些额外的利润将被用于实施贿赂和腐败。

腐败一直是美国政治和司法中的一个突出特征,禁酒时期则更严重。数以千计的警察、政客、律师、法官等人被贿赂和收买,腐败现象达到了空前的恶劣程度。可以说,"铁面无私"小队脱颖而出的原因之一,是他们做到了许多执法

松节油、木醇酒、碘等常见于从地下酒吧及其供应商处缴获的存货中。

部门做不到的绝对廉洁。腐败本身达到了闻所未闻的程度，贿赂比法律和民主更具权威的观念随之盛行。美国的政治和执法受到了永久性的污染。

许多人认为腐败者比杀手更坏。比较黑手党走私犯维托·吉诺维斯（一个精神变态的杀人犯）和弗兰克·科斯特洛（黑手党的"黑社会总理"）后，专家塞尔温·拉布认为腐败者要危险得多。科斯特洛颠覆了整个政府体系，行使的实际权利超过了选民、立法者或法律。吉诺维斯们则只会被谋杀。吉诺维斯和科斯特洛二人的势力均在禁酒期间达到巅峰。

禁酒令与无可比拟的腐败一起影响了公众态度。禁酒令从一开始就非常不受欢迎。绝大多数美国人喝酒，因而不同意禁酒，许多十来岁的美国人不愿意被迫戒酒。政客和法律越是试图迫使美国人远离酒精，喝酒的美国人就越多。人们对虚伪官员的反感更加深了对这一不受欢迎的法律的厌恶情绪。

赫伯特·胡佛总统每晚在白宫喝酒打牌已经不是什么秘密了，而官员的公开腐败和黑帮分子对美国人喝酒欲望的纵容引起了广泛的不满，不仅是对禁酒令的不满，还是对整体法律的不满。禁酒令把一笔20亿美元的生意交给了歹徒，还把歹徒从公敌变成了公仆。正如艾尔·卡彭所言："我卖酒是走私；我为顾客在湖岸大道上提供酒是待客之道。"

禁酒令造成的伤亡数以千计，而且不仅发生在美国的罪犯中。随着黑社会竞争的加剧，暴力也随之增加。在全国各地的城镇中，竞争对手为了争夺新领地，在一场旷日持久的争斗中互相射击。

芝加哥的情况最为糟糕，啤酒大战导致700多起黑帮谋杀案，但腐败和恐吓仅有7起定罪。通称"汤米枪"的汤普森冲锋枪是歹徒选择的新

▲ 禁酒探员有时很粗心，歹徒也无所顾忌，枪战对旁观者同样危险

1926年10月11日，海米·韦斯在公共场合被机枪扫射，芝加哥圣名大教堂上至今仍有弹孔

▲ 禁酒令于1933年12月5日废除。全美国的城市都在庆祝它的废除，并为此干杯

▲ 国会议员安德鲁·沃尔斯特德的名字永远与禁酒联系在一起。他的法案在1920年成为法律

▲ 不管扣押了多少货物，逮捕了多少人，都没有区别——禁酒令根本无法执行

武器。它最初是为军队设计，现在仍被戏称为"芝加哥打字机"和"芝加哥钢琴"。

地下酒吧被炸，驾车射击案急剧增加（1931年由纽约黑帮文森特·"疯狗"·科尔首创），可怕的"单程骑行"成为常态。海米·韦斯在1921年7月谋杀了小罪犯史蒂维·维斯涅夫斯基后，"单程骑行"被赋予了特定含义。据称，韦斯说："我们带史蒂维去兜风——单程兜风……"

与歹徒一起死去的还有成千上万的平民。他们中的一些人在错误的时间出现在错误的地点。他们在枪战击中了瞄准其他人的流弹；当一个敌对团伙向地下酒吧投掷手榴弹或炸药包时，他们正好在场；他们看到或听到了不该看到或听到的事情，被黑帮杀人灭口。

一些人勇敢地在法庭上做证或揭发，公开反对黑帮暴力和走私。他们常因自己的努力而受到威胁、贿赂、勒索、被迫噤声或者干脆被谋杀。几乎没有人能幸免，律师、警察、竞选者、记者和报纸编辑都有可能因禁酒令和它所造成的黑帮暴力间接伤亡。

数千人因自制烈性酒的有毒成分受伤或死亡。走私者经常在产品中添加不适合人类食用的化学物质。在地下酒吧及其供应商处查获的库存中常见这些成分：松节油、木醇酒精、手术酒精、工业酒精、硫酸、碘等。

未经检验的有毒致命私酒的大规模生产自然导致了大规模的疾病和死亡。一个无意中闯入敌对走私犯枪战的酒鬼可能幸存下来，但接下来在一家地下酒吧喝的安神饮料却可能在几小时或几天之后杀死他。那些幸运地避免了这种情况的人可能会在很长一段时间内慢慢地毒死他。如果酒精本身没有伤害他们，非法酒类中的添加剂也很容易伤害他们。

1933年，当禁酒令最终被废除时，美国人和他们的社会都已经受到了很大的损害。这种不光彩的生存方式让许多罪犯赚得

> 传说中的"铁面无私"小队队员埃利奥特·内斯后来成了酒鬼，长期酗酒让他于1957年患上了致命的心脏病

敲诈勒索者与强盗的对决

在警察和司法等部门腐败猖獗的情况下，
走私犯与其他罪犯之间的关系往往比与执法部门之间的关系问题更大

禁酒令的一大灾难是这一时期的严重腐败。警察、法官、律师和政界人士都是禁酒令的受益者，他们收受高额贿赂，放任私贩的生意。除了影响公众生活的方方面面外，比起警察和司法部门，黑帮歹徒更容易与其他不法分子发生冲突。

大多数顶级犯罪分子平时进行走私酒类犯罪活动时，都希望警察、媒体和公众关注得越少越好。由于执法人员受到贿赂、威胁、勒索和暴力的压制，犯罪团伙才得以稳定连续地开展犯罪活动。

然而，每当约翰·迪林格、邦妮·克莱德和弗洛伊德这样臭名昭著的强盗和绑架者经过一座城市时，这种情况很快就改变了。无论是福是祸，这些声名狼藉的罪犯永远是警察和联邦探员紧追不舍的对象。

这导致了一系列的混乱。贪官污吏和政客突然成为打击犯罪的十字军（至少在持续镇压的时候是如此）。即使是最腐败的警察也会突然开始装作认真工作起来。封锁地下酒吧，突袭啤酒厂和蒸馏酿酒厂，查封非法酒类库存，直到"巡回马戏团"和那些制造它的逃犯一起逃走。

▲ 像弗洛伊德这样的逃犯的破坏性，甚至能迫使腐败的警察和官员装作认真工作

盆满钵满，又将这些利润作为毒品、高利贷和非法赌博等其他诈骗活动的资金。在此后的几十年里，这些诈骗的影响——特别是国际毒品贸易——是毁灭性的。许多禁酒时代的低级歹徒，那些活得够久的人，从非法交易中掌握了部分本领。他们包括卡彭曾经的手下和未来的黑社会巨人，如卡洛·甘比诺、维托·吉诺维斯和阿尔伯特·阿纳斯塔西亚。这些人利用他们在非法交易中获得的经验和人脉，在犯罪集团中获得了一定的地位。死于1947年的卡彭不是其中之一。漫长的刑期结束了他的犯罪生涯，糟糕的健康状态代替黑帮竞争对手和执法部门将他彻底拖垮了。

关于禁酒令的最后一句话属于一位匿名诗人，他的诗本身比禁酒令更受欢迎：

禁酒令是一个可怕的失败，
我们喜欢它，
它不能阻止它要阻止的东西，
我们喜欢它，
它让我们的土地充满了罪恶和犯罪，
它留下了贪污和腐败的痕迹，
它一分钱也不值。
不过，我们支持它。

▲ 只能用一种方式庆祝废除禁酒令——全国各地的美国人都在为此干杯

禁酒令挥之不去的阴影

1933年国家禁酒令被废除，但在禁酒令结束几十年后，禁酒令的后遗症仍在影响今天的美国人

当美国人举杯庆祝禁酒令的结束时，他们认为废除禁酒令便结束了所有问题，但事实并非如此，正如许多美国人认为禁酒令将带来清醒和尊重一样，他们在废除禁酒令的问题上也犯了同样的错误。

黑社会犯罪和黑帮主义并不是简单地随着禁酒令的结束消亡，而是变得更加隐蔽。卡彭把市长踢下市政厅的台阶，奥尼·马登站在刚刚杀掉的对手面前大喊"我是奥尼·马登！来自第十大道！"这样的日子结束了。寻求公众注意和恶名的时代已经结束，谨慎行事已成了如今的惯例。最近，纽约流氓约翰·戈蒂经常被描述成更像一位20世纪20年代而不是80年代的流氓，他的举止、昂贵的衣服和对公众关注的热爱，对甘比诺家族来说都是毁灭性的，但这些特点却为喜欢将他与禁酒前辈相比较的媒体提供了无尽的灵感。

从禁酒中获利并以某种方式幸存下来的罪犯仍然统治着黑社会，只是低调了许多。更为谨慎

> 密西西比州是美国最后一个废除禁酒令的州，这个州的禁酒状态一直持续到1966年

▲ 年轻的约翰逊，北卡罗莱纳州的私酿者兼改装赛车的传奇人物。他在经营私酿酒的同时赢得了50多场改装车比赛

在社会上，禁酒令确实打破或削弱了一些社会障碍。爵士乐和布鲁斯音乐家进入了主流，非白人仍然遭受着种族隔离的歧视。不同的城市发展出不同的爵士乐和布鲁斯风格，这进一步增强了音乐的吸引力。如今的狂热者可以分辨出芝加哥布鲁斯和得克萨斯的布鲁斯或路易斯安那传奇波旁街爵士乐和芝加哥南区爵士乐之间的区别。

当然，好莱坞从禁酒令和黑帮时代获益匪浅。20世纪30年代出现了两种相互竞争的电影类型。最早的是经典的黑帮电影《公敌》《小凯撒》《白热化》。好莱坞经常把歹徒描绘成一个非传统派主角和实干家，其犯罪行为也带上了几分"高尚的英雄色彩"。与之对立的是"犯罪不值得"的电影类型。在大多数情况下，罪犯在最后落入法网，结局悲惨，在枪战或电椅上结束他的生命。电影明星乔治·拉夫特成功地进一步模糊了幻想与现实之间的界限，谋杀公司的本杰明·"巴格斯"·西格尔的这位朋友在电影中扮演了黑帮分子。

詹姆斯·卡格尼既在《白热化》中扮演不知悔改的科迪·贾勒特，又在《天使们的肮脏面孔》中扮演最后被拖到电椅上忏悔的洛基·沙利文。与此同时，1934年7月22日，约翰·迪林格在芝加哥光影剧场外被枪杀前，观看了1934年的《曼哈顿奇事》，克拉克·盖博饰演被电刑处死的黑帮成员布莱克·加拉赫。迪林格走进联邦

的谋杀形式取代了公共场所的枪战。暴力仍然很普遍，但是像1929年的情人节大屠杀这样的事件已经从匪徒们的议事日程上消失，此时黑帮让自己的商业利益越发私人化，甚至在假名和幌子背后经营合法的生意。越来越多的人购买或强行进入数千家合法企业以此作为洗钱的掩护。歹徒们并没有变得更软弱或更胆小——他们变得更聪明和更阴险。尽管如此，他们的规则和对违抗规则的惩罚仍旧严格。

> 杰克·丹尼尔酒厂的所在地田纳西州的摩尔县至今仍禁酒

有些妇女甚至在禁酒令废除前后就进入了酒类走私业，理由是妇女不太可能被怀疑。

调查局的埋伏现场时说的最后一句话是"那是一部好电影"。

犯罪剧在禁酒期间和禁酒之后都很流行，至今仍受欢迎。像《好人》《疤脸》和最近的《公敌》这样的经典作品依然深受喜爱。同样地，电视剧《女高音》也受到欢迎。真正的犯罪书籍、播客和杂志仍然定期报道禁酒令。尽管禁酒令过去近一个世纪，但美国对黑帮和匪徒的迷恋仍旧强烈。

实施禁酒令前，几乎只限于男性的沙龙和酒吧接纳了女性客户、雇员和业主。一些妇女甚至在废除禁酒令前后进入了酒类走私业，因为她们不太可能被怀疑经营地下酒吧或组织私酒生意。禁酒令颁布前，许多禁酒运动支持妇女获得选举权，因为许多妇女倾向于支持禁酒。在禁酒令废除后，妇女比以往任何时候都更容易进入酒吧和酒馆。

联邦禁酒令的结束意味着禁酒令的普遍结束，这也是无稽之谈。个别州和县仍然可以自由地执行地方法律禁止饮酒，许多州和县都这样做了。他们也可以自由逮捕和惩罚走私犯。走私犯可以躲避袭击他们蒸馏器和仓库的执法人员，也可以与之发生冲突。即使在今天，美国部分州的一些县也因当地法律而禁酒。

非凡的"卡宾"·威廉姆斯

北卡罗莱纳州的大卫·马歇尔·威廉姆斯是一名因谋杀罪入狱的走私犯。
他离开监狱后，成了美国枪支工业的先驱

非法私酒的酿造也经历了起起落落。对于被称为"卡宾"的威廉姆斯来说，这是令人心痛的事实。1921年7月22日，当坎伯兰县警长突袭他的酒厂时，他被判谋杀副警长帕特。威廉姆斯一直否认这起谋杀案，他声称在把枪交给同伙汉姆·道森之前，自己只是向帕特开枪警告。根据威廉姆斯的说法，道森是真正的凶手，但这没什么区别。威廉姆斯承认犯有二级谋杀罪[①]，没有被判电刑处死，但却接受了30年的苦役。道森后来被无罪释放。

在狱中，威廉姆斯在机械车间工作，维护和修理各种机械设备，最终被允许给监狱看守的武器做保养。在完成日常监狱工作的同时，他还开始秘密设计一种全新的武器——M1卡宾枪。

卡宾枪比步枪短且轻，后来成为美军的标准武器。汤米枪是一种被匪徒广泛使用的军事武器，M1则由走私犯设计，并被许多武装部队采用。威廉姆斯最终在1929年9月获释，他发现自己居然有点名气。

1952年，他的非凡故事吸引了好莱坞的目光，詹姆斯·斯图尔特在《卡宾·威廉姆斯》中扮演主角。威廉姆斯本人接下来的职业生涯都在为包括温彻斯特和雷明顿在内的多家公司设计枪支和枪支零件。然而，1975年1月，当时已经非常富有的他去世了。他的整个工作室都陈列在北卡罗来纳州的历史博物馆中。

▲ "卡宾"·威廉姆斯的故事无与伦比，在1952年的好莱坞传记电影中，银幕偶像詹姆斯·斯图尔特还扮演了他

① 在美国，一级谋杀是指涉及特定条件的谋杀，如谋杀国家公务人员、谋杀某一罪案的目击证人、行凶手段残忍的谋杀等。二级谋杀则指没有涉及一级谋杀所属的特定条件的谋杀等。通常只有一级谋杀罪才会判死刑或无期徒刑。

▲ 杰克·丹尼尔威士忌酒生产于田纳西州的禁酒县林奇堡。这家公司偶尔赞助纳斯卡赛事的车手

从酒精到巴巴尼亚

也许禁酒令最黑暗的遗留问题是在废除很久之后才显现出来。
禁酒令的一些非法利润后来资助了美国黑手党的毒品生意

老派黑手党称毒品为"巴巴尼亚",西西里俚语为"海洛因"。黑手党长期参与毒品交易,但从禁酒令中获得的利润使他们能够进一步提高行动水准。由于禁酒令,黑手党掌握了技术、经验和启动资金,开始了大规模的海洛因贩运,至今他们仍参与其中。

战前,美国主要的海洛因走私者之一路易斯·"莱普克"·布查尔特曾是一名走私犯、劳工敲诈勒索犯和杀人犯,1944年受电刑身亡。布查尔特1935年开始走私海洛因,买通海关检查人员让之视而不见。他的行动赚取了数百万美元的非法利润,但这与传说中的"法国贩毒网"相比只是小菜一碟。

在科西嘉黑社会的运作下,大量海洛因经由马赛和加拿大运往美国。从20世纪50年代到70年代初,海洛因大量进入美国。美国收购方的组织者是黑手党成员约瑟夫·博纳诺(纽约博纳诺家族的领袖)和卡米娜·"雪茄"·加兰特。

博纳诺和加兰特都在禁酒期间崭露头角,博纳诺是家族老板,加兰特是走私犯和杀手。禁酒令为他们提供的创业资金,比其他任何地方都多。

▲ 走私犯和黑手党卡米娜·加兰特帮助建立了法国贩毒网。它让美国充斥着用禁酒令利润购买的海洛因

禁酒令还无意间创造了一项全新的运动:改装车赛事。特别是在南方,朗姆酒走私犯和私酿者长期以来一直定制和改进他们的车辆以甩掉警察和联邦探员的追捕。20世纪30年代,他们开始在当地的游乐场和赛马场上赛车。第二次世界大战后,成立了全国赛车协会,俗称纳斯卡。赛车作家丹尼尔·皮尔斯说:"早期的机械师、车主、促销员和赛道所有者中,很大一部分人与非法酒类生意关系密切。"

私酿酒至今仍是南方的传统,纳斯卡也是。纳斯卡车队老板小约翰逊开车行驶的赛道是北卡罗莱纳州运送私酿酒的小路。今天,他的一件私酿酒蒸馏器成了改装车博物馆的展品之一。许多酒类商店也存有小约翰逊的"午夜月亮"卡罗莱纳私酒。

禁酒结束后,美国的饮酒习惯和酒业也发生了变化。烈性酒变得比啤酒更受欢迎,酒类饮料的酒劲越发强劲。自制葡萄酒的受欢迎程度大大

▲ 黑手党用从禁酒令中获得的利益资助了大规模的贩毒活动。酒精肆虐的美国充斥着海洛因

提高，尽管这一过程毁掉了美国葡萄酒行业。以生产不含酒精的果汁为借口生产的一种葡萄浓缩液在销售时包装盒上有一个警告："将葡萄浓缩液固体砖溶解在一加仑水中，不要将液体在一个罐子里放置20天，因为这样会变成酒。"

具有讽刺意味的是，禁酒曾经是为了取缔酒精，现在却被用作一种营销手段。纽约唯一的朗姆酒酿造厂被命名为"高尚实验"，其标志性产品是欧尼纽约朗姆酒。在禁酒期间，奥尼·马登本人生产了一种叫"马登一号"的啤酒。浴缸杜松子酒现在是一个受欢迎的杜松子酒品牌，尽管这种酒肯定没有在浴缸中蒸馏过，也没有添加任何不应该有的东西。

禁酒，一开始是因美德受到赞扬，后来又因失败受到抨击，在美国历史上占据了一个矛盾的位置。人们对禁酒令的记忆更多的是黑帮、暴力和腐败而非最初的善意。尽管它未能完成最初的目标，但却给20世纪和21世纪的美国留下了不可磨灭的印记。

▲ 卡尼的朋友乔治·拉夫特也有其他有趣的朋友。巴格斯·西格尔是黑社会犯罪组织最资深的人物之一

> 美国联邦调查局局长J.胡佛·埃德加拒绝承认黑手党。该组织一直存续至20世纪50年代

▲ 20世纪80年代的暴徒约翰·戈蒂和禁酒时代的任何一名暴徒一样，喜欢上头条新闻，他甚至登上了《时代》杂志的封面

图片所属

43	© Alamy; Getty
58	© Alamy; Getty
81	© Getty Images; WIKI; National Archives at St. Louis
109	© Getty Images; WIKI
116	© Alamy; Getty Images; Corbis
151	© Alamy; Corbis; Getty
199	© Alamy; Corbis